Alfabetizar letrando na
biblioteca escolar

© 2013 by Fabiano Moraes
Eduardo Valadares
Marcela Mendonça Amorim

© Direitos de publicação
CORTEZ EDITORA
Rua Monte Alegre, 1074 – Perdizes
05014-001 – São Paulo – SP
Tel.: (11) 3864-0111 Fax: (11) 3864-4290
cortez@cortezeditora.com.br
www.cortezeditora.com.br

Direção
José Xavier Cortez

Editores
Amir Piedade
Anna Christina Bentes
Marcos Cezar Freitas

Preparação
Jaci Dantas

Revisão
Rodrigo da Silva Lima
Gabriel Maretti

Edição de Arte
Mauricio Rindeika Seolin

Projeto e Diagramação
More Arquitetura de Informação

Ilustrações
Marco Antonio Godoy

Dados Internacionais de Catalogação na Publicação (CIP)
(Câmara Brasileira do Livro, SP, Brasil)

Moraes, Fabiano
 Alfabetizar letrando na biblioteca escolar / Fabiano Moraes, Eduardo Valadares, Marcela Mendonça Amorim. – 1. ed. – São Paulo: Cortez, 2013. – (Coleção biblioteca básica de alfabetização e letramento)

 Bibliografia.
 ISBN 978-85-249-2113-1

 1. Alfabetização 2. Bibliotecas escolares 3. Escrita 4. Leitura 5. Letramento 6. Prática de ensino I. Valadares, Eduardo. II. Amorim, Marcela Mendonça. III. Título. IV. Série.

13-09265   CDD-372.414

Índices para catálogo sistemático:

1. Processos de alfabetização e letramento:
Bibliotecas escolares: Pedagogia: Educação   372.414

Impresso na Índia — Janeiro de 2015

Biblioteca Básica de Alfabetização e Letramento

Alfabetizar letrando na
biblioteca escolar

**Fabiano Moraes
Eduardo Valadares
Marcela Mendonça Amorim**

1ª edição
1ª reimpressão

Sumário

↘ **INTRODUÇÃO**
▸ **Letramento no espaço-tempo biblioteca escolar** 8

↘ **CAPÍTULO 1**
Biblioteca: lugar de silêncio?
Trabalhando com poesia e canção 12
▸ Silêncio! Na biblioteca a voz não tem vez? 13
▸ Em defesa de um espaço em que as vozes se façam ouvir 15
▸ Trabalho, educação e leitura 21
▸ Compreensão crítica da biblioteca,
  da alfabetização e da leitura 23
▸ Alfabetizar letrando 25

▸ Por uma ação reflexiva 31
▸ Proposta prática: entre canções e poemas, ritmos,
  palavras e sons 32
▸ Livros sugeridos para ações literárias 46
▸ Para além da biblioteca escolar:
  hoje tem poesia, ritmo e melodia 48
▸ Para conhecer mais 49

↘ **CAPÍTULO 2**
Letramento informacional:
para além das paredes da biblioteca escolar

Entre periódicos, livros informativos, anúncios e cartazes **50**

▸ Biblioteca escolar e espaços urbanos:
   redes que extrapolam paredes **51**
▸ Biblioteca escolar: espaço público de
   leitura e circulação de informações **54**
▸ Letramento informacional:
   a biblioteca em sua função educativa **57**
▸ O letramento e o respeito à fala do aluno **62**
▸ Letramento informacional:
   dos periódicos às placas com nome de rua **65**

▸ Por uma ação reflexiva **70**
▸ Proposta prática: trabalhando com
   periódicos e livros informativos **72**
▸ Livros sugeridos para ações literárias **82**
▸ Para além da biblioteca escolar: cartazes, anúncios e placas ... **84**
▸ Para conhecer mais **87**

↘ CAPÍTULO 3
A biblioteca escolar entre textos e imagens
Dos quadrinhos e livros sem texto aos livros informativos sobre arte **88**
- A arte e o livro infantil: alguns marcos históricos **89**
- A relação entre o texto e a imagem no livro infantil **92**
- Livros sem texto **96**
- Histórias em quadrinhos: uma outra história **99**
- HQs e tirinhas **102**

- Por uma ação reflexiva **105**
- Proposta prática: trabalhando com a imagem e o texto **106**
- Livros sugeridos para ações literárias **122**
- Para além da biblioteca escolar:
  leituras de imagens, leituras de mundo **124**
- Para conhecer mais **126**

↘ **CAPÍTULO 4**

Ler e contar histórias: a voz e o livro

As narrativas ficcionais **127**
- ▸ Considerações sobre a leitura **128**
- ▸ Da crise da leitura às práticas de letramento **131**
- ▸ Letramento literário: entre estética e crítica, prazer e conscientização **135**
- ▸ Sim. Contar histórias conduz à leitura **139**
- ▸ Em defesa da biblioteca escolar e dos espaços de leitura **143**

- ▸ Por uma ação reflexiva **145**
- ▸ Proposta prática: trabalhando com narrativas ficcionais **146**
- ▸ Livros sugeridos para ações literárias **158**
- ▸ Para além da biblioteca escolar: o aluno é o narrador **160**
- ▸ Para conhecer mais **162**

↘ **REFERÊNCIAS BIBLIOGRÁFICAS** **163**
↘ **BIOGRAFIAS** **173**

↘ **INTRODUÇÃO**

Letramento no espaço-tempo biblioteca escolar

Se pudesse voltar no tempo, este é o lugar que eu visitaria, a Biblioteca de Alexandria em seu apogeu, há 2 mil anos (Sagan, 1980).

No início da década de 1980, ao expressar seu sonho de viagem no tempo no primeiro episódio da série *Cosmos*, o astrônomo Carl Sagan (1980), utilizando-se dos recursos computacionais de então, nos presenteava com uma magnífica viagem no tempo à monumental Biblioteca de Alexandria.

Diriam: mas o vídeo de Sagan não passou de uma viagem ficcional no tempo. Responderíamos: sim. Como as outras tantas viagens no tempo e no espaço que fizemos sentados à mesa de uma biblioteca: sem sair do lugar (no entanto a quilômetros ou mesmo a anos-luz de distância); sem sair do presente (e ao mesmo tempo há milênios ou séculos adiante). Histórias lidas, histórias contadas, ficções, poemas, enciclopédias, ilustrações, fotos, tecnologias, tradições, utopias, vida, informação, sabedoria, revistas, jornais, livros, *blogs*, *sites*...

Em meio às palavras e imagens que nos levaram tão distante (no tempo e no espaço), mas que sempre nos conduziram de volta, sempre de volta, a cada dia de volta à biblioteca, vozes se fazem ecoar, olhares se encontram (apesar da distância, apesar do tempo que os separa). Quantos olhos passearam pelas mesmas frases que leio no livro que hoje tenho em mãos? Quantas vozes foram ouvidas, quantas palavras foram ditas para que este livro fosse escrito? Interação com o mundo. O mundo presente com seus tempos e espaços no espaço-tempo da leitura.

Por isso, a cada vez que entramos em uma biblioteca, seja ela a Biblioteca Nacional, seja ela uma biblioteca especializada, escolar, universitária, ou em uma sala de leitura, fazemos uma viagem no tempo rumo à grande Biblioteca de Alexandria, pois a nosso ver em cada uma dessas coleções de livros a mais memorável coleção de livros da história da humanidade faz-se presente de modo inequívoco.

Neste nosso livro convidamos o leitor ao mundo do letramento presente e a se constituir a cada momento nas bibliotecas, nas salas de leitura e nos tantos espaços de leitura criados e a serem reinventados na escola. Convidamos o leitor a uma viagem por processos de leitura do mundo, da vida, das imagens, das palavras, das vozes.

Tomando como foco a proposta de alfabetizar letrando na biblioteca escolar, iniciamos por questionar, no primeiro capítulo deste livro, a concepção de biblioteca como lugar de silêncio, como mero depósito de livros. A partir de um breve delineamento histórico e do levantamento de concepções críticas, saímos em defesa da biblioteca e das salas de leitura como espaços críticos em que as diversas vozes podem e devem se fazer ouvir. Propomos atividades com poemas e canções com o intuito de convidarmos o leitor a partilhar ritmos, vozes e melodias com os seus alunos na biblioteca e nos espaços de leitura escolares.

Abordamos no segundo capítulo o conceito de letramento informacional que respalda a função educacional do bibliotecário e da biblioteca. Defendemos a importância de que a biblioteca escolar e demais espaços de leitura assumam seu caráter público em sua relação com a comunidade escolar e do seu entorno bem como com os demais espaços urbanos. Com o intuito de favorecermos práticas de letramento informacional dentro e fora dos espaços de leitura instituídos, sugerimos trabalhos com periódicos, livros informativos, anúncios, placas e cartazes.

No capítulo terceiro, apontamos para algumas das relações entre a arte e o livro infantil, a imagem e o texto, transitando por um breve histórico da ilustração do livro destinado a crianças e por teorias que respaldam os vínculos entre os componentes verbais e imagéticos presentes nessas obras. Tangenciamos abordagens sobre os livros sem texto e sobre a história e a nomenclatura das histórias em quadrinhos. As aplicações sugeridas transitaram, portanto, entre os quadrinhos, os livros sem texto e os livros informativos sobre arte.

No quarto e último capítulo tivemos a oportunidade de fundamentar e defender a importância de se ler em voz alta e de se contar histórias com o objetivo de favorecer a produção de sentido e ao mesmo tempo despertar o prazer da leitura nas crianças. Propusemos, por fim, atividades de leitura em voz alta, de contação de histórias e de paráfrase oral e escrita das narrativas ficcionais como potentes recursos nos processos de alfabetização e como relevantes práticas de letramento.

Sabemos que nossa viagem no tempo e no espaço começou desde as nossas primeiras leituras, escutas e criações imaginárias. E que prossegue a cada vez que nos permitimos interagir em escrituras-leituras como a deste livro, como as tantas que aqui propomos, como as que juntos faremos de livros, revistas, canções, livros sem texto, placas, poemas, obras de arte, contos, imagens, nas tantas práticas de letramento possíveis no espaço-tempo biblioteca escolar, no espaço-tempo sala de leitura, no espaço-tempo escola-mundo.

↘ **CAPÍTULO 1**

Biblioteca: lugar de silêncio?

Trabalhando com poesia e canção

A compreensão crítica da alfabetização, que envolve a compreensão igualmente crítica da leitura, demanda a compreensão crítica da biblioteca (Freire, 1989, p. 15).

Silêncio! Na biblioteca a voz não tem vez?

A imagem da biblioteca escolar é comumente associada a um lugar de silêncio, de erudição, de estudo intenso e concentração, de guarda e empréstimo de livros, de aplicação de punições e de outras práticas e visões, algumas das quais, a nosso ver, um tanto equivocadas. Em nossas vivências no ambiente da biblioteca escolar temos percebido que, embora na maioria dos casos as coisas funcionem assim, grande parte dos discursos que tivemos oportunidade de escutar, provindos dos mais distintos sujeitos do ambiente escolar, expressam expectativas em descrições de espaços bastante distintos das acima citadas.

Dentre essas marcas consolidadas, a que tradicionalmente mais se destaca nas bibliotecas é a marca do silêncio. Mas a que silêncio estamos nos referindo? Segundo Bastos (2011, p. 623), não estritamente ao silêncio que prima pela extinção do barulho, das diversas vozes que pulsam por falar, inclusive na biblioteca, mas ao silêncio fundador "prenhe em sentidos", e à política do silêncio (silenciamento), subdividido por Orlandi (1997; 2008) em silêncio constitutivo e silêncio local (ou censura); o segundo deles, que nos interessa aqui, é "aquele em que entra a interdição por alguma forma de poder da palavra" (Orlandi, 2008, s/n).

Silêncio e discurso. Sim, silêncio interdição. Para Foucault (2008), a interdição silencia sujeitos ao selecionar quem pode dizer o quê, o que alguém pode dizer em dado contexto (por exemplo, na biblioteca escolar), e que lugar social deve ocupar para proferir o discurso que lhe é permitido proferir. O discurso, por sua vez, é o que manifesta – ou oculta – o desejo, e é ele, ao mesmo tempo, o próprio objeto do desejo.

Silêncio e poder. Sim, silêncio disciplina. Para Foucault (1987), na disciplina "os 'súditos' são oferecidos como 'objetos' à observação de um poder que só se manifesta pelo olhar. Não recebem diretamente a imagem do poderio soberano, apenas mostram os seus efeitos" (Foucault, 1987, p. 156). Nas escolas, a normalização, que há pouco se fazia visível nos uniformes engomados, nos sapatos engraxados, no silêncio e nas palavras permitidas, hoje persiste na proibição do uso do boné, na necessidade de tantas filas, na obrigatoriedade do uniforme, e em tantas regras que, embora aparentemente menos rígidas do que as de outrora, devem ser questionadas, pois nem sempre têm uma aplicação atual justificável, e dentre elas destacamos e questionamos a necessidade de silêncio absoluto na biblioteca escolar como regra.

Silêncio interdição, silêncio disciplinar: SILÊNCIO! Você está na biblioteca.

Em defesa de um espaço em que as vozes se façam ouvir

Buscando explicações, recorremos à História, que, se não nos conduz a respostas, fornece-nos pistas para reflexões e problematizações sobre essa norma: para alguns, condição *sine qua non* para o estudo e para a leitura, para outros, razão para a ausência de diálogos, de vozes que digam com o livro, com o leitor, com a leitura, com a biblioteca escolar e, por conseguinte, motivo do distanciamento entre a leitura e os prazeres de criar, de rir, de gargalhar, de comentar, de partilhar.

Fazemos parte de uma sociedade que desde tempos remotos considera o silêncio na biblioteca um aspecto positivo e essencialmente inerente a este espaço marcado por processos de exclusão e seleção: na Idade Antiga, pouquíssimas e privilegiadas pessoas tinham acesso aos materiais nele depositados, uma vez que nesse momento histórico o objetivo da biblioteca não era permitir acesso ao seu acervo, mas garantir a preservação da memória que ali se materializava em livros (papiros e pergaminhos) que ao longo dos anos só poderiam ser consultados por um grupo célebre de pessoas. O objetivo de garantir a preservação da memória, como finalidade das bibliotecas, fez-se e ainda se faz presente nas

Bibliotecas Nacionais que tinham e têm como um de seus fins salvaguardar idealmente a maior quantidade possível da produção impressa (prioritariamente do país em que se localiza). Maroto (2009) afirma acerca dessa função que já na Biblioteca de Alexandria, de maneira um tanto autoritária, o faraó Ptolomeu I determinava que todas as embarcações que atracassem no porto de Alexandria teriam seus livros confiscados (em troca seus donos recebiam cópias dos mesmos) para serem incluídos no enorme acervo da biblioteca que se tornou a maior dos tempos antigos.

Quando tratamos do tema silêncio, vale relembrar as Bibliotecas Monásticas da Igreja Católica que na Idade Média restringiam aos monges a leitura dos livros, na época considerados objetos sagrados que por essa razão deveriam ser armazenados em locais sagrados. Daí a necessidade de se assumir uma postura respeitosa e

de se cumprir regras rígidas para acessar os acervos. O acesso, pois, a pergaminhos, códices e livros era reduzido a um seleto grupo, dentre os religiosos iniciados, autorizado pelas instâncias de poder a copiar, manusear, comentar, interpretar o que ali estava escrito.

> *O acesso a esses acervos guardados nos mosteiros limitava-se aos religiosos que pertenciam a ordens religiosas ou eram por elas aceitas. Ler e escrever eram habilidades quase exclusivas dos religiosos e não se destinavam a leigos* (Milanesi, 2002, p. 25).

Tratava-se, assim, de um dentre os tantos ofícios religiosos realizados nos monastérios que, para que pudessem ser feitos do modo mais puro possível, requeriam um profundo silêncio.

Nesta época, afirma Saenger (2002, p. 161), o ato de ler em voz alta dentro das bibliotecas dos mosteiros causava um enorme incômodo aos leitores vizinhos. Com isso, as normas das ordens religiosas passaram a exigir que cada convento ou mosteiro estipulasse uma sala de leitura em que o silêncio fosse absoluto, passando a reconhecer-se, a partir do regulamento da Biblioteca de Oxford do ano de 1431, a biblioteca como um local de total silêncio.

Dando um largo passo na história e analisando a realidade das bibliotecas na história do Brasil, torna-se imprescindível reconhecermos em nosso país de colonização europeia a forte influência religiosa à época das primeiras escolas criadas, pertencentes a ordens religiosas, principalmente a dos Jesuítas, mas também dos Franciscanos, Beneditinos e Carmelitas, que tiveram importante contribuição para o processo de alfabetização, formação cultural e catequese da sociedade colonial (Maroto, 2009, p. 44). Dessa forma a censura e o silêncio instituíram-se como marcas indeléveis na criação e funcionamento de nossas primeiras bibliotecas escolares, locais restritos a poucos privilegiados e de intensa valorização do silêncio pelo silêncio, simulacros do modelo europeu.

Somente no fim do século XIX e no início do século XX a biblioteca escolar brasileira ganharia nova configuração, destacando-se, doravante, as bibliotecas dos colégios privados, em que se aplicavam "métodos educativos com ênfase religiosa" (Silva, 2011, p. 494). Ainda na primeira metade do século XX, ao ganhar espaço nas reformas educacionais, a finalidade prioritária da biblioteca escolar passava a ser a intensificação do gosto pela leitura. Em meados do século ressaltava-se a "importância da composição do acervo e a participação direta dos usuários discentes e dos pais na construção da biblioteca escolar por meio de ações pedagógicas" (Silva, 2011, p. 498).

Nas décadas de 1990 e de 2000, Silva (2011) destaca o surgimento de políticas tímidas objetivando o desenvolvimento da biblioteca escolar no Brasil. Destacam-se neste período o reconhecimento da biblioteca escolar como espaço de aprendizado e de estímulo à leitura tanto na Lei de Diretrizes e Bases (LDB), Lei n. 9.394/96 (1996) como nos PCNs (1997) e a criação do Programa Nacional Biblioteca na Escola (PNBE) em 1997 pelo Governo Federal. Ressaltamos ainda a promulgação da Lei Federal nº. 12.244 (2010), de fundamental importância, pois dispõe sobre a universalização das bibliotecas nas instituições de ensino do País e trata da necessidade tanto do acervo como do profissional nesse espaço.

Concomitantemente foi promovida a criação e a multiplicação de espaços de leitura e de salas de leitura em escolas de vários municípios do Brasil. Tais espaços não são *stricto sensu* bibliotecas escolares, mas cumprem a importantíssima função de promover a leitura por meio da realização de práticas de letramento.

Reconhecemos a relevância de espaços de leitura alternativos, (como alguns que serão citados mais adiante) criados, em grande parte das vezes, pela própria comunidade escolar e do entorno, bem como das salas de leitura de enorme potencialidade e inventividade, instituídas em escolas de vários municípios do Brasil, como espaços estéticos de realização de práticas de letramento e de dinamização da leitura. Várias dessas iniciativas são realizadas por um professor ou agente de leitura que apresenta propostas de projetos de leitura e de letramento nesses espaços e salas, passando a conduzir esse trabalho junto à comunidade escolar.

Por essa razão, as atividades aqui apresentadas são destinadas tanto ao bibliotecário no âmbito da biblioteca escolar, como aos agentes de leitura ou professores dinamizadores de espaços e de salas de leitura e demais educadores quando em atuação na biblioteca escolar e nos outros tantos espaços favoráveis ao letramento e à leitura (que a nosso ver extrapolam não apenas as paredes da biblioteca, mas também os muros da escola).

No entanto, apesar das recentes iniciativas inovadoras, nosso breve recorte histórico fundamenta o reconhecimento das heranças e influências que ainda marcam a biblioteca, propagadas e perpetuadas culturalmente e parecendo contradizer-se em uma sociedade que se renova permanentemente, "cujo ambiente é o das redes e das novas tecnologias; ambiente onde as trocas de saberes é fundamental para a polifonia das múltiplas vozes que querem, precisam e se fazem ouvir" (Nóbrega, 2011, p. 127).

Precisamos, nos lembra Bastos (2011, p. 627), "considerar como as palavras foram ditas em outros contextos sociais", reconhecendo que algumas permanecem enraizadas na cultura escolar apresentando-se como poderosas ferramentas de intimidação, controle, disciplinamento e exame, materializados nas avaliações cognitivas e atitudinais que fundam, fabricam, constituem e dão forma ao que hoje se entende por biblioteca escolar.

Acreditamos, como Nóbrega (2011, p. 128), na biblioteca como um território de "(re)significação para os sujeitos sociais, na medida em que, servindo-lhes tanto como possibilidade de apropriação e produção, quanto de organização, oportunize construção de singularidades, transformação de realidades". Acreditamos em uma biblioteca escolar que estimule o questionamento, que permita a busca e o encontro com a diversidade de sentidos que nos afeta permanentemente, que estimule nos sujeitos praticantes nela presentes o desenvolvimento da criticidade a partir das diferentes vozes e da pluralidade de pontos de vista existentes. "O que implica numa *metodologia de ruptura* com os padrões até então vigentes. Uma ruptura no modo corriqueiro de ver a biblioteca, para uma ampliação do olhar sobre ela" (Nóbrega, 2011, p. 132).

Trabalho, educação e leitura

A concepção moderna de trabalho e produção promoveu na Europa uma "polarização da vida social no século XIX em torno da família e da profissão" (Ariès, 1981, p. 12). Essa polarização, efetivada por meio do deslocamento das crianças para os colégios, tornou possível um duplo controle, pois se por um lado a inexperiência da criança provocou a "sua marginalização em relação ao setor da produção, porque exerce uma atividade inútil do ponto de vista econômico (não traz dinheiro para dentro de casa) e, até mesmo, contraproducente (apenas consome)" (Zilberman, 2003, p. 19), por outro lado sua dependência abre precedentes para que o adulto exerça autoridade, mantendo-a sob uma inquestionável superioridade, aumentada na medida em que a criança é, cada vez mais, afastada do processo de produção, afastamento justificado, de modo cíclico, por meio da alegação de fragilidade e dependência da criança. No entanto, tal alegação mascara as circunstâncias ideológicas que, tornando a criança incapacitada para a ação, possibilitam sua manipulação e isolamento.

A burguesia, "chegando ao poder, teve o poder de sistematizar sua educação" (Freire, 1989, p. 16). O Estado, a seu serviço, com a intenção de buscar um equilíbrio do sistema capitalista que a favorecesse "com o fito de proteger a infância e evitar o aviltamento dos salários" (Zilberman, 2003, p. 43), incentivou as famílias proletárias a matricularem seus filhos na escola. Com essa ação, a difusão da leitura nos diversos níveis sociais e faixas etárias, e não apenas nos níveis eruditos, tornou acessível a um público maior a assimilação cotidiana das informações.

A expansão do mercado editorial, a ascensão do jornal como meio de comunicação, a ampliação da rede escolar, o crescimento das camadas alfabetizadas – todos estes são fenômenos que se passam durante o Iluminismo [...] Ler transformou-se em instrumento de ilustração e sinal de civilidade (Zilberman, 2003, p. 55).

Este papel central desempenhado pela leitura na sociedade burguesa ao mesmo tempo em que é fruto da difusão de tal hábito torna necessária a continuidade e a propagação cada vez maior das práticas de leitura, o que, como sustenta Zilberman (2003), pode ser visto como um processo de industrialização da cultura que, de alguma maneira, representou a socialização do conhecimento. O estabelecimento das escolas e da literatura infantil corrobora tal projeto, integrando a criança ao mundo burguês. Esse mecanismo de difusão da leitura reforça em sua prática "o individualismo e o isolamento, processos que a criança passa a vivenciar desde cedo" (Zilberman, 2003, p. 56). Concomitantemente, o fortalecimento do mercado editorial destinado à publicação de obras da literatura infantil e juvenil se estabelece em torno da escola, vinculado ao projeto pedagógico de sua maior patrocinadora e consumidora. Ao impor ideologicamente o saber e a pedagogia vigente, a biblioteca e os espaços de leitura escolares integraram de modo satisfatório: de um lado, o "silêncio discurso", que cala as vozes outras que não a voz da doutrina vigente, e o "silêncio poder", que cala a criança situando-a em sua fragilidade e dependência em relação ao adulto; de outro, os ideais individualistas e isolacionistas burgueses em sua necessidade urgente de afastar as crianças da vida social das ruas e de formar leitores, técnica e ideologicamente capacitados para o sistema de produção capitalista.

Compreensão crítica da biblioteca, da alfabetização e da leitura

Freire (1989) destaca a importância de se desenvolver uma compreensão crítica da biblioteca para que se desenvolva uma compreensão crítica da alfabetização e da leitura. Tal compreensão conduz a práticas libertadoras, decorrente de uma visão crítica ao opor-se à compreensão ingênua que conduz às práticas espontaneístas e à compreensão "astuta" que leva às práticas manipuladoras, ambas mantenedoras das estruturas autoritárias.

> *O mito da neutralidade da educação, que leva à negação da natureza política do processo educativo e a tomá-lo como um quefazer puro, em que nos engajamos a serviço da humanidade entendida como uma abstração, é ponto de partida para compreendermos as diferenças fundamentais entre uma prática ingênua, uma prática "astuta" e outra crítica.*
> *Do ponto de vista crítico, é tão impossível negar a natureza política do processo educativo quanto negar o caráter educativo do ato político* (Freire, 1989, p. 15).

Portanto, prossegue Freire (1989), não podemos reduzir a escola a uma mera reprodutora da ideologia dominante, pois as contradições características da sociedade alteram seu papel reprodutor, possibilitando, por meio da compreensão crítica de educadores e educandos, o desvelamento e mesmo a negação da ideologia que a funda.

Uma prática libertadora, prossegue o autor, deve fundar-se não em atitudes autoritárias por parte de nós educadores, que neguem "a solidariedade entre o ato de educar" (Freire, 1989, p. 17) e que separem o ato de ensinar do ato de aprender, mas sim em atitudes que respeitem os níveis de compreensão dos educandos acerca de sua própria realidade sem impor-lhes a compreensão do docente em nome de sua libertação e de seu esclarecimento; sim em atitudes nos levem, como educadores, a reconhecer que "assumir a ingenuidade dos educandos demanda de nós a humildade necessária para assumir também sua criticidade, superando, com ela, a nossa ingenuidade também" (Freire, 1989, p. 17).

Portanto, para que a alfabetização e a leitura sejam práticas fundadas em uma compreensão crítica, é imprescindível que a biblioteca seja concebida como espaço popular no qual a voz do educando, a fala do povo, a linguagem da comunidade e os saberes locais tenham vez; como espaço popular que favoreça uma leitura de textos relacionada ao contexto dos leitores. A biblioteca deve ser vista, afirma Freire, (1989, p. 20) "como centro cultural e não como um depósito silencioso de livros".

Alfabetizar letrando

A alfabetização, "ação de ensinar/aprender a ler e a escrever" (Soares, 2005, p. 47), distingue-se do letramento, compreendido por Soares como "estado ou condição de quem não apenas sabe ler e escrever, mas cultiva e exerce as práticas sociais que usam a escrita". No entanto, embora distintos, tais processos não se dissociam, pois o ingresso no mundo da escrita por parte do analfabeto se dá concomitantemente por meio de ambos os processos: "pela aquisição do sistema convencional de escrita – *a alfabetização* – e pelo desenvolvimento de habilidades de uso desse sistema em atividades de leitura e escrita, nas práticas sociais que envolvem a língua escrita – *o letramento*" (Soares, 2004, p. 14).

Em outras palavras, alfabetização e letramento não são independentes, mas sim indissociáveis e interdependentes, afirma Soares (2004): a alfabetização se desenvolve de forma contextualizada às práticas sociais de leitura e escrita, ou seja, efetiva-se contextualizada ao letramento e por meio deste. Complementarmente, o letramento se desenvolve de modo contextualizado à alfabetização e por meio desta.

De acordo com Soares (2005), o surgimento do termo *letramento* deu-se em virtude da necessidade de um nome para denominar um fenômeno de que não nos dávamos conta e que ganhou visibilidade ao se resolver minimamente o problema do analfabetismo e ao emergirem novas e variadas práticas de letramento junto às novas necessidades e alternativas de leitura e de lazer. A palavra *letramento* surgiu por essa razão e para que se pudesse nomear esse fenômeno novo.

> *Termos despertado para o fenômeno do* letramento [...] *significa que já compreendemos que nosso problema já não é apenas ensinar a ler e a escrever,* [...] *mas é, também, e sobretudo, levar o indivíduo* [...] *a fazer uso da leitura e da escrita, envolver-se em práticas sociais da leitura e da escrita* (Soares, 2005, p. 58).

Soares (2005) defende o uso de um verbo para nomear a ação de conduzir indivíduos ao letramento, o verbo "letrar", afirmando que "o ideal seria *alfabetizar letrando*, ou seja: ensinar a ler e escrever no contexto das práticas sociais da leitura e da escrita, de modo que o indivíduo se tornasse, ao mesmo tempo, *alfabetizado* e *letrado*" (Soares, 2005, p. 47).

No entanto, há distintos níveis de letramento de acordo com as necessidades e demandas tanto do indivíduo como do contexto sociocultural em que vive e transita. Ademais, é difícil contemplar as sutilezas e complexidades que envolvem o letramento em uma definição única e consistente em face de o mesmo cobrir "uma vasta gama de conhecimentos, habilidades, capacidades, valores, usos e funções sociais" (Soares, 2005, p. 65-66).

O letramento deve ser considerado em suas duas dimensões, a individual e a social. A primeira delas compreende os processos de leitura e de escrita, processos fundamentalmente distintos entre si, embora complementares. A segunda diz respeito ao modo como as habilidades de leitura e de escrita relacionam-se aos valores, às práticas e às necessidades sociais, distinguindo-se, no que diz respeito à sua interpretação, em duas perspectivas conflitantes: uma progressista ou liberal (que mais se aproxima das visões ingênua e "astuta" de Freire) e outra radical ou revolucionária (que se aproxima da visão crítica de Freire).

No que diz respeito à dimensão individual do letramento, a leitura é apontada por Soares (2005) como sendo "um conjunto de habilidades linguísticas e psicológicas que se estendem desde a habilidade de decodificar palavras escritas até a capacidade de compreender textos escritos" (Soares, 2005, p. 68), enquanto a escrita é vista como um conjunto de habilidades psicológicas e linguísticas fundamentalmente distintas das exigidas pela leitura, que se estendem "da habilidade de registrar unidades de som até a capacidade de transmitir significado de forma adequada a um leitor potencial" (Soares, 2005, p. 69). No entanto, do mesmo modo como na leitura os processos de relacionar símbolos escritos a unidades de som e de interpretar textos escritos embora distintos não se oponham, mas se complementem, também na escrita os processos de relacionar símbolos escritos a unidades de som e de organizar o pensamento e expressar ideias na escrita, longe de se oporem, complementam-se.

No que tange à dimensão social do letramento, se por um lado na perspectiva liberal ou progressista (que oferece uma versão "fraca" tanto dos atributos como das implicações da dimensão social do letramento) o letramento é definido com base nas habilidades necessárias para que o indivíduo "funcione" socialmente de maneira adequada, de modo a ser considerado funcionalmente letrado por haver adquirido os conhecimentos e as habilidades básicas que o capacitem a adaptar-se às necessidades funcionais e cotidianas bem como de assumir e desempenhar responsabilidades políticas e cívicas, daí o termo "letramento funcional", por outro lado, para a perspectiva radical ou revolucionária (que nos apresenta uma versão "forte" dos atributos e das implicações da dimensão social do letramento), o letramento, longe de ser um "instrumento" neutro como defende a perspectiva liberal, é um conjunto de práticas socialmente construídas, envolvendo a leitura e a escrita, "geradas por processos sociais mais amplos, e responsáveis por reforçar *ou* questionar valores, tradições e formas de distribuição de poder presentes nos contextos sociais" (Soares, 2005, p. 75).

O pioneirismo de Paulo Freire em sua concepção de educação como prática da liberdade exemplifica muito bem a perspectiva revolucionária. Para Freire (2008), só é válido o trabalho da alfabetização – e, acrescentaríamos: do letramento – se ele tem por fim despertar o indivíduo para que este faça uso da leitura e da escrita como modo de tornar-se consciente da realidade e então poder transformá-la, se ele tem por objetivo fazer com que "a palavra seja compreendida pelo homem na sua justa significação: como uma força de transformação do mundo" (Freire, 2008, p. 150).

Nesse sentido, a compreensão crítica da biblioteca defendida por Freire (1989) é, de fato, imprescindível para que este espaço, longe de se reduzir a um silencioso depósito de livros, torne-se um espaço popular, constituindo-se em meio à polifonia, às vozes, às falas, aos saberes dos tantos sujeitos aprendentes que somos: bibliotecários, professores, alunos, funcionários da escola, familiares da comunidade escolar e demais membros da comunidade.

Uma compreensão crítica da biblioteca, para além de conduzir-nos a práticas e usos desse local que viabilizem leituras de textos, por parte dos indivíduos em processo de alfabetização e letramento, de modo contextualizado à sua realidade, nos conduz (a nós educadores e alunos) à compreensão crítica da leitura e da alfabetização defendidos por Freire (1989; 2008) favorável à conscientização da realidade e à sua consequente transformação por parte dos sujeitos protagonistas que somos: educadores e educandos.

Por uma ação reflexiva

Em seguida serão apresentadas atividades que têm por objetivo guiar aplicações dos fundamentos até então defendidos. Ressaltamos, contudo, a importância de que a prática permeada por tal fundamentação se dê como uma ação reflexiva, e, por tal razão, perguntamo-nos: até que ponto eu tenho valorizado a presença de diferentes vozes no espaço da biblioteca escolar e nos demais espaços de leitura da escola? Em que momentos eu ainda reitero a estigmatização do espaço da biblioteca escolar como silencioso depósito de livros? De que modo posso contribuir para a constituição de tempos-espaços na biblioteca escolar que favoreçam usos e reinvenções desse espaço como centro cultural em que tenham voz e vez os saberes e culturas locais?

Proposta prática: entre canções e poemas, ritmos, palavras e sons

O nde quer que estejamos captamos com os olhos a paisagem visual dos lugares por onde passamos, enquanto pela audição percebemos o conjunto de sons do ambiente: a paisagem sonora, como conceitua Schafer (2003), seja ela a de uma avenida movimentada, de uma escola no horário do intervalo, de uma fazenda, de uma biblioteca, de um restaurante.

Portanto, raramente nos encontramos diante do silêncio absoluto. Até mesmo uma caverna possui seus sons, seus ecos. Mesmo quando em salas acusticamente isoladas nos defrontamos com os sons do nosso próprio corpo e, curiosamente, ao adentrarmos uma caverna ou uma sala acusticamente vedada, é comum nos depararmos com certo vazio acústico avassalador (de certa paisagem sonora que beira o silêncio, e que de algum modo se assemelha ao vazio visual da escuridão plena) que chega a nos incomodar.

Por um lado, alteramos a paisagem sonora que nos envolve com os sons do nosso corpo (fala, espirro, passos, palmas etc.), por outro lado, os sons do ambiente nos provocam reações (corporais, emocionais, mentais). Segundo Goldstein (2005, p. 7), "toda atividade humana se desenvolve dentro de certo ritmo. Nosso coração pulsa alternando batidas e pausas, nossa respiração, nossa gesticulação, nossos movimentos são ritmados". Por onde formos enquanto estivermos vivos, estes sons, que geralmente passam despercebidos no dia a dia, estão presentes compondo nossas paisagens sonoras por onde transitamos.

O ritmo humano faz-se presente em sua produção artística, sendo claramente perceptível na música e na poesia. Enquanto na música e na canção ele pode ser detectado de modo claro nas combinações de sons e pausas, na poesia sua percepção requer do leitor uma atenção que o leva a comportar-se ao mesmo tempo como leitor e ouvinte em razão do caráter oral desse gênero textual, criado para ser falado e recitado. "Mesmo que estejamos lendo um poema silenciosamente, perceberemos seu lado musical, sonoro, pois nossa audição capta a articulação (modo de pronunciá-las) das palavras no texto" (Goldstein, 2005, p. 7).

O aspecto lúdico do poema se faz presente tanto nos seus jogos sonoros, decorrentes da escolha e da combinação de palavras em sua sonoridade – fonética (representada nas combinações de vogais e consoantes: rimas, assonâncias, aliterações) ou rítmica (ordenação de palavras com determinadas acentuações tônicas para compor os versos: metrificação, versificação, estrofes) – como também na plurissignificação e na possibilidade de se atribuir ao texto múltiplos sentidos, o que coloca em xeque o racionalismo e as certezas por meio da reinvenção da linguagem. O sucesso dos poemas e canções destinados a crianças nos processos de alfabetização e letramento decorre geralmente do aspecto lúdico das reinvenções de linguagem neles presentes.

A canção pode ser definida como um gênero híbrido resultante da conjugação da linguagem verbal com a linguagem musical, esta última composta de ritmo e melodia. Trata-se, prossegue Costa (2002, p. 108), de "uma peça verbo-melódica breve, de veiculação vocal". Por esse motivo, o gênero textual canção não deve ser concebido apenas como um texto verbal nem somente como uma melodia, mas sim como uma conjunção das linguagens verbal e musical. "A canção exige uma tripla competência: a verbal, a musical e a lítero-musical, sendo esta última a capacidade de articular as duas linguagens" (Costa, 2002, p. 107).

Para Costa (2002), se por um lado os gêneros canção e poesia se aproximam em razão da presença, em ambos, de recursos de metrificação, versificação, rimas, estrofes e figuras de efeito sonoro (Goldstein, 2005), por outro lado eles se distinguem por se destinarem a situações sociais diferentes: a canção é feita para ser cantada enquanto a poesia é criada para ser lida silenciosamente ou em voz alta. É importante que o professor leve em consideração essa distinção para não cometer o equívoco de apresentar em sala de aula a letra da canção sem melodia como se fosse uma poesia. Por essa razão, "a audição musical em sala de aula se revela fundamental no trabalho com a canção" (Costa, 2002, p. 120).

Nas oficinas de leitura que realizamos em bibliotecas escolares junto aos primeiros anos do Ensino Fundamental, tivemos a oportunidade de trabalhar com poemas e canções e mesmo com diálogos entre tais gêneros. Consideramos que nesses trabalhos a música apresenta-se como grande aliada nas práticas de letramento. Costumávamos praticar tais atividades com frequência nas oficinas de leitura a ponto de termos criado um pequeno repertório de canções escritas e de poemas ritmados em folhas presas em um cavalete (*flipchart*), escritas em letra bastão para cantarmos e lermos em voz alta com as crianças após a apresentação do livro que originariamente apresentava cada canção ou poema.

A partir do livro *Flor de Maravilha*, de Flávio Paiva, publicado pela Cortez Editora, sugerimos o trabalho com canções, que podem ser tocadas a partir das partituras e cifras apresentadas junto às letras das canções (por professores de música ou professores e bibliotecários com habilidades musicais) ou apreciadas por meio da escuta do CD que acompanha o livro durante as atividades de leitura e canto. Depois de apresentarmos alguns dos textos narrativos, canções e ilustrações do livro, escrevíamos uma das canções na lousa ou mostrávamos o texto previamente escrito em uma folha de *flipchart*.

No momento da escuta e do canto, a leitura era feita diretamente na lousa ou no *flipchart*, de modo que cada sílaba ou palavra cantada fosse indicada com uma régua ou mesmo com a mão, de modo semelhante à marcação do canto no texto das canções de karaokê.

Em seguida, cada criança era desafiada a cantar a canção podendo ou não ler concomitantemente a letra da canção na folha ou na lousa. Pudemos observar com este trabalho que a memorização rítmica e melódica favorece o processo de identificação e decifração de palavras na leitura proposta.

Após orientarmos os alunos no exercício de leitura individual, pedíamos que as crianças escrevessem a canção no caderno, sempre auxiliando e orientando nesse processo aqueles que apresentassem alguma dificuldade. Assim, os alunos não apenas exercitavam o canto por meio da leitura, mas também exercitavam a leitura com auxílio da memória tanto no momento do canto como no processo de registro escrito.

Esta mesma atividade pode ser realizada com poemas ritmados. A sugestão aqui apresentada tem sido aplicada há anos em bibliotecas escolares a partir de adaptações para *rap* de poemas, feitas pela coautora Marcela Mendonça Amorim com bases de *rap* baixadas da internet ou com acompanhamento de sons ritmados produzidos com a boca (*beatbox*) por alguma criança da escola. A mesma atividade pode ser feita com base em outros ritmos populares como do congo, do coco, da embolada, dentre outros.

A partir do livro *Dezenove poemas desengonçados*, de Ricardo Azevedo, publicado pela Editora Ática, sugerimos a criação de *raps* a partir dos poemas presentes nestas divertidíssimas obras, a partir das quais se poderá realizar uma atividade similar à anteriormente descrita com canções. O próprio significado da palavra *rap* resume o que aqui propomos: a sigla *RAP: Rhythm And Poetry* pode ser traduzida como ritmo e poesia. Dentre os poemas ritmados por Marcela Mendonça Amorim, tendo por fundo uma base de *rap*, o que faz mais sucesso entre os alunos é o texto *A vaca e o boi*, de Ricardo Azevedo, que conta a história de uma vaca que morria de ciúmes de um boi que era solteiro.

Sugerimos a você, professor ou bibliotecário, que experimente fazer junto com os seus alunos uma adaptação para *rap*, congo, embolada, repente etc. a partir do poema abaixo:

*A maior bola do mundo
É de fogo e chama sol,
A bola mais conhecida
É a de jogar futebol.*

*Certa bola colorida
Jogar bem eu nunca pude
É de vidro essa bandida
E chama bola de gude* (Azevedo, 1998a).

A atividade por nós proposta pode ser feita da seguinte maneira: depois da leitura do livro e de sua apresentação para as crianças (com indicação de título, autor, ilustrador, editora e apreciação de textos e ilustrações), cada poema ritmado é apresentado em uma folha de *flipchart* ou na lousa, escrito em letra bastão de modo que, ao ser lido de maneira ritmada, cada sílaba ou palavra seja indicada de modo similar à marcação de sílabas e palavras cantadas nas letras das canções dos aparelhos de karaokê.

Observamos que mesmo entre as crianças não alfabetizadas, mas que já reconhecem algumas letras ou sílabas, os cartazes apresentados por meio dos usos que aqui propomos constituem uma poderosa ferramenta de estímulo à leitura.

Como dissemos anteriormente, as bases de *rap* podem ser encontradas facilmente na internet, onde são disponibilizadas por compositores e músicos *DJs*, para que sejam reproduzidas na biblioteca com uso de aparelho de som em uma altura (intensidade) que não apenas permita a escuta do arranjo, mas também possibilite a escuta da leitura ritmada do poema em *rap* pela turma. O ritmo envolvente contagia rapidamente a turma. Caso não seja possível baixar ou reproduzir uma base pronta é possível improvisar o acompanhamento com palmas, estalar de dedos, instrumentos de percussão, latas, ou mesmo estimular a participação de algum aluno da escola que saiba fazer *beatbox* (talento encontrado com certa frequência nos dias de hoje). Reiteramos a possibilidade de se realizar a mesma atividade em outros ritmos populares com o uso de seus instrumentos característicos.

Ao ler o poema em *rap* é importante destacar o ritmo lembrando-se da necessidade de pronunciar as sílabas poéticas para que o poema se "encaixe" no ritmo. Depois que os alunos memorizam o poema, é possível atentar para a interpretação e a expressividade, enfatizando trechos, criando vozes de personagens, elaborando e ensaiando acompanhamentos de palmas, estalar de dedos ou mesmo coreografias.

Após a prática de leitura ritmada, os alunos poderão ser convidados a ler, um a um, o poema (com orientação do bibliotecário ou do professor sempre que preciso), registrando-o posteriormente em seu caderno de maneira semelhante à sugerida anteriormente na atividade proposta a partir das canções.

Consideramos relevante relatarmos uma experiência de sucesso na aplicação dessa prática, vivenciada pela coautora Marcela Mendonça Amorim. Depois de ter realizado atividades com poemas musicados por anos a fio junto a crianças dos primeiros anos do Ensino Fundamental, a bibliotecária percebeu, em dada ocasião, que na primeira oficina realizada na biblioteca escolar com uma nova turma do 1º ano, um aluno repetiu todos os poemas ritmados como se estivesse lendo fluentemente no cartaz. Em um primeiro momento, ela imaginou que o menino já soubesse ler, mas logo constatou que não. Marcela dirigiu-se então ao garoto e lhe perguntou como ele havia aprendido os poemas. O aluno respondeu:

"A minha irmã, que estuda no 4º ano, me ensinou". "E quem é a sua irmã?", perguntou a bibliotecária. O menino disse o nome da irmã, o que fez com que Marcela se surpreendesse ao lembrar-se da menina que, embora estudasse na escola desde o 1º ano e frequentasse as oficinas de leitura desde então, nunca havia participado efetivamente dos momentos de canto e leitura coletiva na biblioteca escolar, recusando-se (ou relutando) a cantar, a ler em voz alta, a falar ou mesmo a responder qualquer questão, aparentando estar sempre desinteressada e mostrando com frequência uma expressão fechada quando histórias, poesias e canções eram contadas, lidas ou cantadas. O menino explicou como sua irmã lhe ensinara em sua casa os poemas ritmados em *raps*, reinventando em suas leituras a metodologia das práticas de letramento propostas por Marcela na biblioteca escolar. O impressionante para a bibliotecária foi constatar que, apesar de não demonstrar interesse, ela aprendeu o que ouviu e fez questão de discretamente ler e memorizar para posteriormente transmitir a seu irmão mais novo. Na semana seguinte, ao realizar a oficina de leitura junto à turma de 4º ano, Marcela observou mais uma vez a aparente desatenção da aluna e, ao encerrar a oficina, aproximou-se dela dizendo que havia conhecido seu irmão, agradecendo-a carinhosamente por ela ter lido e compartilhado tantas poesias e histórias com ele. A menina, olhando a educadora de soslaio, novamente não reagiu... A não ser com um discreto e quase imperceptível sorriso.

A segunda atividade por nós proposta enfatiza a plurissignificação da linguagem poética muito mais do que seu vínculo com a música. O trabalho descrito a seguir, realizado por anos a fio em oficinas de leitura ministradas pelo coautor Fabiano Moraes, favorece não apenas o reconhecimento do caráter lúdico do poema, mas também a utilização de elementos de efeito semântico que figuram similaridades e oposição, tais como a comparação, a metáfora e a antítese, dentre outros que favorecem a atribuição de múltiplos sentidos ao texto por meio da reinvenção da linguagem, pondo em questão certezas arraigadas.

No livro *Girafa não serve pra nada*, publicado pela Editora Paulinas, José Carlos Aragão brinca com o significado e a serventia das coisas, como, por exemplo: "Céu: Varal de pendurar nuvem. Estrada de urubu e passarinho. Telhado do mundo, mas cheio de goteiras, porque, quando chove, molha tudo aqui em baixo" (Aragão, 2000).

A partir da leitura do livro para alunos do 2º ano em uma oficina de leitura, realizamos uma análise dos textos a partir dos comentários dos alunos, trazendo à tona reflexões sobre alguns dos recursos utilizados por José Carlos Aragão que faziam com que seus textos soassem ora curiosos, ora engraçados, ora surpreendentes, ora absurdos. Em seguida, dividimos a turma em duplas (alguns trios), e propusemos a criação de textos a partir de objetos escolhidos pelas próprias crianças, tomando por base alguns dos recursos linguísticos utilizados por Aragão (2000). Procuramos orientar as crianças na representação escrita do texto, que geralmente era criado oralmente e revisto em consenso por cada grupo.

Depois de escritos, os textos foram lidos pelas duplas (e trios) para a turma. Na oficina seguinte pudemos orientar os alunos no refazimento dos textos a partir de sua revisão. Por fim, em sua versão definitiva, os textos foram digitados.

Após a impressão, cada dupla (ou trio) cuidou de ilustrar seu texto dando forma e cor a um livro feito pela turma com o auxílio do professor e do bibliotecário, intitulado *A serventia das coisas* que, ainda hoje (embora a maioria dos alunos de então frequente o Ensino Médio), pode ser consultado na mesma biblioteca escolar onde foi feito. Apresentamos a seguir algumas dessas criações:

A serventia das coisas

(Alunos e alunas da oficina)

▸ **Copo descartável**

Serve pra fazer telefone com fio.
Para rasgar e fazer "aranhinha".
Para fazer polvo.
Serve de chapéu.

▸ **Olho**

Guarda as lágrimas.

▸ **Geladeira**

Boca que tem comida guardada.

▸ **Janela**

É quando a gente arranca um dente.
Serve para a língua olhar pra fora.

▸ **Dentadura**

É a gaveta da boca.

- **Chapéu**
    Pra guardar bolinha em cima da cabeça.
- **Torneira**
    É a chave para sair água da pia.
- **Vaca**
    Serve pra dar comida pros bebês gente.
    Come coisas horríveis para ficar bem alimentada.
- **Interruptor**
    Tem a chave pra acender a luz.
- **Nuvem**
    Algodão doce dos anjos que vivem no céu.
- **Túnel**
    É a única estrada que serve para secar o carro quando está chovendo.
- **Ouvido**
    Porta de entrada das palavras.
- **Palito de fósforo**
    Madeira que guarda o fogo.

Atentos ainda aos aspectos lúdicos e aos elementos semânticos da poesia, partimos, em outra ocasião, para a leitura, apreciação e análise de poemas do livro *A Arca de Noé* de Vinicius de Moraes (Companhia das Letrinhas), alguns dos quais têm como mote de origem objetos de uso cotidiano e animais, por exemplo: *A casa, A porta, O pato, O leão*.

A seguir, dispusemos no meio da roda composta pelos alunos da mesma turma de 2º ano uma tesoura de uso escolar e sugerimos que criassem um texto coletivo que seria registrado por nós. O resultado, depois de lido e revisto pelos próprios alunos, e posteriormente exposto no mural da biblioteca escolar, foi este:

O que é que tanto corta?
(Alunos e alunas da oficina)
Tic, tic, tic, tic,
Tic, tic, tic, tic,
Vai cortar isso daí.

Parece uma boca de jacaré,
Parece um nariz,
Parece um coelho,
Não corta nuvem,
Parece um "xis".

Faz um barulhinho:
Tic, tic, tic, tic.

Parece um bico de passarinho,
Parece uma pessoa,
Parece um dedinho,
Parece um pássaro voando,
Parece um cata-vento,
Canta música assim:
Tic, tic, tic, tic.

Adivinha o que é:
Tic, tic, tic, tic.

Na aula seguinte, um dos alunos sugeriu um novo tema para criação poética, aprovado pela maioria dos alunos (e por unanimidade pelos que usavam óculos). O tema seria: óculos. Alguns alunos depuseram seus óculos sobre a mesa e a criação coletiva gerou o texto abaixo que depois de digitado foi exposto no mural da biblioteca:

Óculos
(Alunas e alunos da oficina)
A Lua é linda.
Linda, linda.

A Lua usa óculos
Com lentes escuras.
Os óculos usam Lua
Com lentes claras.

Os dois são escuros e claros ao mesmo tempo:
Os óculos e a Lua.

O tempo tem relógio
E o relógio toca música.
O relógio tem a lente dos óculos
E até os números do relógio usam óculos:
O "0" é uma lente de óculos,
O "7" é uma perna de óculos,
E o "8" parece as duas lentes ao mesmo tempo.
O "9" é um óculos quebrado,
E o "787" é um óculos maneiro.

Livros sugeridos para ações literárias

Flor de maravilha
- Flávio Paiva
- Ilustrações: Dim e Nice Firmeza
- Cortez Editora

São vinte histórias acompanhadas de vinte cantigas (com partituras) que tratam do dia a dia das crianças, de suas brincadeiras, de suas amizades, das pessoas, de animais. Acompanha um CD.

Dezenove poemas desengonçados
- Ricardo Azevedo
- Editora Ática

Neste livro, com ludicidade, ritmo e poesia, Ricardo Azevedo brinca com as palavras e, por meio de suas poesias e trovas, conduz as crianças a reflexões sobre assuntos importantes de maneira divertida.

Girafa não serve pra nada
- José Carlos Aragão
- Ilustrações: Graça Lima
- Editora Paulinas

Uma versão poética do mundo, escrita a partir do misterioso e criativo mundo de descobertas da criança, rompe as barreiras do convencional para inventar novas funções para as coisas.

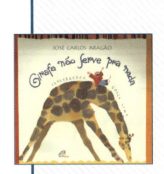

O bicho vai pegar!
- Edson Gabriel Garcia
- Ilustrações: Elma
- Cortez Editora

A galinha manda *e-mail* para o galo procurar outra; o desespero da minhoca que não sabe de que lado fica a sua cara; o bicho-papão guloso; e muitos outros versos e poemas bicharentos.

**O inventor do sorriso:
poemas colhidos na floresta**
- Walther Moreira Santos
- Música e voz: Zé Manoel
- Melhoramentos

Os temas dos divertidos poemas presentes no livro vão desde o uirapuru, o peixe-boi e o jacaré, até o Sol, o ipê-amarelo, passando pela Iara, pelo Saci e pelo Lobisomem. Acompanha um CD.

Para além da biblioteca escolar:
hoje tem poesia, ritmo e melodia

O trabalho com canções e poesias ritmadas pode resultar em ótimas apresentações. Por mais de uma vez tivemos a oportunidade de ensaiá-las com os alunos, criando coreografias ou mesmo encenações. Então, combinávamos com os alunos de convidar as outras turmas da escola para assistir e agendávamos o espaço do auditório (também já fizemos no pátio).

A apresentação era acompanhada da criação, pelas crianças, de um *folder* ou prospecto que depois de sua impressão era copiado e distribuído para que os alunos convidados pudessem conhecer os livros e então ler os poemas ritmados e cantar as canções. O *folder* trazia a programação com: nome do evento e da escola; turma; data(s) de apresentação; nomes dos textos em ordem de apresentação com indicação de autoria e referência às obras de origem (sempre mostradas ao público ouvinte que depois do evento poderia tomá-las por empréstimo na biblioteca escolar); nome dos alunos e profissionais responsáveis pela realização do trabalho. Indicamos ainda a possibilidade de estender o evento à presença de familiares, de membros da comunidade do entorno ou mesmo de alunos de outras escolas em intercâmbios culturais interescolares.

Para conhecer mais

CAVALLO, Guglielmo; CHARTIER, Roger (Orgs.). *História da leitura no mundo ocidental:* I. Trad.: Fulvia M. L. Moretto *et al.* São Paulo: Ática, 2002.

FREIRE, Paulo. *A importância do ato de ler*: em três artigos que se completam. São Paulo: Autores Associados/Cortez Editora, 1989.

GOLDSTEIN, Norma. *Versos, sons e ritmos.* São Paulo: Ática, 2005.

MAROTO, Lucia Helena. *Biblioteca escolar, eis a questão!*: do espaço de castigo ao centro do fazer educativo. Belo Horizonte: Autêntica Editora, 2009.

NÓBREGA, Nancy Gonçalves da. Biblioteca: vozes silenciadas? In: PRIETO, Benita. *Contadores de histórias*: um exercício para muitas vozes. Rio de Janeiro: s. ed., 2011. p. 127-133.

↘ **CAPÍTULO 2**

Letramento informacional: para além das paredes da biblioteca escolar

Entre periódicos, livros informativos, anúncios e cartazes

O bibliotecário brasileiro precisa se preparar para enfrentar desafios, se quiser contribuir com suas competências específicas para a formação das pessoas. Ele terá de investir na construção de um modelo de letramento informacional para as escolas brasileiras (Campello, 2009, 18).

Biblioteca escolar e espaços urbanos: redes que extrapolam paredes

Como vimos no capítulo anterior, conceber a biblioteca escolar como um depósito de livros (ou tragicamente como uma "empilhoteca") pouco atraente, desencantado e triste, gerido algumas vezes por profissionais não habilitados ou desinteressados que se veem obrigados a trabalhar com algo para o qual não foram preparados ou tão pouco desejavam, é dar lugar a uma visão ultrapassada e limitadora de biblioteca escolar, visto as potenciais ações que desse espaço cultural emergem por meio do trabalho de mediação e de orientação à apropriação e uso das informações, que concebemos como mediação pedagógica, principalmente quando realizada por meio desse espaço educacional e informacional. É urgente, pois, colocarmos em questão alguns discursos e práticas que enfocam tais aspectos limitadores e que desse modo "constroem um imaginário que *'congela'* a biblioteca, influindo nos seus movimentos de ressignificação no cenário nacional"

(Ferrarezi; Romão, 2008, p. 35) que ainda pouco valoriza a importância da leitura e da biblioteca, silenciando as visões que a concebem como um espaço de dinamicidade, compartilhamento e propagação de saberes.

Outro ponto importante que nos inquieta e nos remete a uma cara reflexão emerge de um conceito de biblioteca escolar como tendo existência condicionada e limitada a um espaço físico: uma sala com disposição sempre regular na qual se zela pela ordem e pelo silêncio, desprezando-se sua potencial expansão para outros espaços e tempos da escola e dos territórios de que ela faz parte em lugar de ocupá-los e transformá-los efetivamente.

Mesmo que consideremos como relevante e indiscutível a importância a ser dada à biblioteca como espaço de tratamento da informação, acondicionamento, catalogação e organização do acervo, não podemos restringir a ampla conceituação da biblioteca, tampouco os diversos e possíveis usos que dela e nela se podem fazer, a esta única função dentre as tantas desse espaço. Em outras palavras, podemos afirmar que esta não é "a" finalidade da biblioteca, mas sim um dentre os tantos meios, funções e fins de grande importância e de relevante potencialidade, quando devidamente compreendidos e utilizados segundo mediação pedagógica e planificação condizente à pluralidade de necessidades que emanam da escola e que têm por fim serem disseminados à comunidade escolar (Ferrarezi; Romão, 2008, p. 37).

Uma biblioteca viva tem seu trabalho focado nos sujeitos-professores-alunos-comunidade, promovendo e propondo atividades dinâmicas e condizentes com as necessidades de seu público e com a realidade do território em que está inserida, influenciando diretamente transformações em seu entorno, e com ele se transformando, visto que esse território gradativamente passa a ser visto como um espaço urbano de aprendizagem, de busca de fontes e de uso de informações.

Portanto, sob uma perspectiva histórico-cultural, podemos dizer que os conhecimentos se entremeiam em teias de relações que interligam a biblioteca escolar e os demais espaços urbanos. Em ambos os espaços dão-se, indiscutivelmente, processos potenciais de letramento que podem ser mediados pelo Professor e pelo Bibliotecário Educador. Defendemos a urgente necessidade de se considerar no processo de letramento informacional, que definiremos a seguir, a inter-relação entre os conhecimentos e informações presentes nos portadores textuais acessados no ambiente da biblioteca escolar e os tantos portadores textuais acessados nas vias públicas e demais espaços urbanos, bem como a estreita relação entre conhecimentos locais e globais, informativos e ficcionais, coletivos e individuais que derivam dos sujeitos da educação, a partir deles multiplicam-se, desembocando em sujeitos outros, também protagonistas dessa grande rede informacional e educacional.

Em sua função educacional de desenvolver habilidades de busca e uso de fontes de informação por meio do letramento informacional, o bibliotecário deverá atentar para a necessidade de orientar os alunos no sentido de buscarem e fazerem uso das fontes de informação tanto impressas como disponíveis na internet. Nesse sentido, o trabalho de colaboração entre biblioteca escolar e laboratório de informática é de extrema importância.

Considerando de um lado a presença de recursos midiáticos em diversas bibliotecas escolares do Brasil, de outro a total inacessibilidade à internet em incontáveis escolas e mesmo em algumas localidades de nosso imenso país, ressaltamos que as propostas aqui lançadas poderão ser adequadas ao uso da internet, embora tenhamos dado ênfase à sua realização independente da disponibilidade desse recurso com o intuito de assim almejarmos uma atitude mais democrática. Em outras palavras, todas as atividades de letramento informacional sugeridas nesse livro podem (e devem sempre que possível e necessário) aliar-se ao trabalho com a internet.

Biblioteca escolar: espaço público de leitura e circulação de informações

A biblioteca escolar como mediadora da informação deve ser vista como um espaço público no interior da escola, afirma Neves (2004). Um local que, para além de promover a circulação de informações e sua transferência, viabiliza a convivência dos tantos segmentos da comunidade escolar, "pertencendo, portanto, a todos os usuários e, ao mesmo tempo, não sendo propriedade exclusiva de uns nem de outros" (Neves, 2004, p. 222).

A constituição desse espaço como público viabilizará sua abertura à imaginação, criatividade e sistematização, aliadas à criticidade e reflexão, favorecendo o desenvolvimento de habilidades linguísticas, cognitivas, motoras e afetivas, e oportunizando o conhecimento e as habilidades para lidar com as fontes de informação.

Na seção *Os recursos didáticos e sua utilização* dos *PCNs de Língua Portuguesa* (1ª a 4ª série), a biblioteca escolar e a biblioteca de classe são consideradas "recursos pedagógicos para o trabalho pedagógico na área de Língua Portuguesa" (Brasil, 1997, p. 61). Segundo Neves (2004, p. 223), a biblioteca escolar "constitui-se como um laboratório, por excelência, da práxis educativa", tendo por fim prestar-se à educação formal e informal por meio da promoção de leitura e da difusão do conhecimento. Ademais, este espaço deve constituir-se como memória coletiva da comunidade escolar, da comunidade do entorno da escola, bem como das sociedades em que estas se inserem.

Para Neves (2004), a biblioteca escolar é um espaço favorável às ações educativas necessárias para habilitar o aluno a localizar e a usar informações registradas em fontes de informação impressas ou não impressas. Nela é possível desenvolver e favorecer as práticas de leitura que terão como consequência a formação de leitores aptos a "usufruir dos benefícios do acesso à informação, seja para o estudo, o ensino, o trabalho, a arte, o lazer ou a diversão" (Neves, 2004, p. 223).

Dentre os *conteúdos gerais do primeiro ciclo* do Ensino Fundamental, são relacionados nos PCNs de Língua Portuguesa (Brasil, 1997), em meio aos *valores, normas e atitudes* a serem desenvolvidos nos alunos, o "interesse em tomar emprestados livros do acervo da classe e da biblioteca escolar" (Brasil, 1997, p. 71), e ainda, o "cuidado com os livros e demais materiais escritos" (Brasil, 1997, p. 72). Quanto às *práticas de leitura*, propostas na seção *Linguagem escrita: usos e formas*, destaca-se o uso de acervos e bibliotecas para:

> *busca de informações e consulta a fontes de diferentes tipos (jornais, revistas, enciclopédias, etc.), com ajuda, manuseio e leitura de livros na classe, na biblioteca e, quando possível, empréstimo de materiais para leitura em casa [...]; socialização das experiências de leitura* (Brasil, 1997, p. 74).

No entanto, de que modo podemos capacitar pessoas para usar bibliotecas e acervos de recursos informacionais?

Letramento informacional: a biblioteca em sua função educativa

Campello (2009) traz à tona o conceito de *letramento informacional* que, segundo a autora, contribui sobremaneira para o avanço na trajetória profissional do bibliotecário em busca de um espaço mais amplo no exercício de sua função educativa. Uma trajetória que teve por início "a implementação de serviços de referência e de educação de usuários em bibliotecas, criados para auxiliar a entender a estrutura peculiar daquele espaço e lidar com as fontes de informação ali existentes" (Campello, 2009, p. 7-8).

É inegável que o bibliotecário é o profissional que detém conhecimentos especializados que contribuem para o desenvolvimento de habilidades para lidar com informações de maneira mais efetiva. Na biblioteca escolar especificamente, prossegue Campello (2009, p. 8), alguns profissionais têm "buscado implementar ações para o desenvolvimento de habilidades informacionais, contribuindo para a melhoria das capacidades de leitura e de pesquisa dos alunos" e assumindo a responsabilidade de auxiliar crianças, jovens e adultos em fase de educação formal a desenvolverem suas capacidades de aprender com as informações e a partir destas.

A promoção da leitura é considerada tradicionalmente o papel educativo primordial do bibliotecário na escola; no entanto, diante da ampla demanda por uso dos tantos recursos informacionais no âmbito da educação, afirma a autora, torna-se necessário, cada vez mais, preparar os alunos para que saibam lidar efetivamente com esses recursos de maneira crítica e autônoma. "A ação do bibliotecário não se restringe, pois, à promoção da leitura nem à orientação bibliográfica, mas amplia-se para abranger aprendizagens mais complexas, levando ao aparecimento do conceito de letramento informacional" (Campello, 2009, p. 12).

Sua função educativa deverá se efetivar, portanto, em um processo de cooperação com a equipe pedagógica, agindo, tal profissional, como um catalisador que deflagra as ações de relacionamento com cada professor, devendo, por tal razão, procurar criar na escola uma cultura de colaboração: exercendo, em seu trabalho colaborativo, a coordenação ao estabelecer horários e desenvolver ações nos encontros pontuais com as turmas; cooperando com a equipe ao separar e sugerir material para pesquisas a serem realizadas pelos alunos (tendo sido o tema previamente informado pelo professor); auxiliando os alunos na busca e no uso de fontes de informação no sentido de que estes

respondam às questões da pesquisa e desenvolvam as atividades propostas; e buscando participar de encontros com a equipe pedagógica com o intuito de favorecer o trabalho colaborativo. Ao tratar da colaboração do bibliotecário com a equipe pedagógica no planejamento de estratégias didáticas vinculadas ao uso das tecnologias, Campello (2009, p. 25) ressalta que seu papel não é o de ensinar a usar o equipamento tecnológico, mas sim o "de integrar pessoas e aprendizagem com os instrumentos tecnológicos atualmente disponíveis", daí a relevância do trabalho colaborativo entre bibliotecário e professor de informática. Em síntese, defende Campello (2010), a integração e a cooperação entre bibliotecários, professores, pedagogos e toda a equipe da escola torna-se imprescindível para que nesse processo o profissional da biblioteca possa reconhecer-se e ao mesmo tempo ser reconhecido como *catalisador/protagonista* dessa colaboração, participando de ações de relacionamento não apenas individualmente com os professores, mas buscando, em meio aos sujeitos praticantes, uma cultura de colaboração na escola, e tornando-se ainda um importante orientador na elucidação de questões sobre a natureza do ensino-aprendizagem em ambientes permeados por abundância informacional como a biblioteca escolar e demais espaços de leitura do ambiente escolar.

Em outras palavras, sua função educativa se estende ao ensino-aprendizagem de habilidades específicas vinculadas à pesquisa, tanto no que diz respeito ao conhecimento e busca das fontes de informações (de jornais, revistas, dicionários, enciclopédias e almanaques a *sites*, *blogs*, informativos eletrônicos e enciclopédias virtuais disponíveis na internet) como no que tange ao seu uso. A orientação à pesquisa tem por fim conduzir o aluno a aprender ativa e refletidamente a partir de seus conhecimentos prévios. O profissional deve considerar que o aluno "aprende por meio de mediação, de acordo com seu desenvolvimento cognitivo" (Campello, 2009, p. 48) levando em conta, portanto, de um lado, a relevância das interações sociais no processo de aprendizagem, e, de outro, a singularidade do modo de aprender de cada aluno.

Tal atuação educativa se efetiva de modo não regular e sistematizada, mas esporádica, casual, nos momentos em que os alunos dirigem-se à biblioteca para realizar suas pesquisas. É fundamental, para tanto, compreendermos que "a biblioteca escolar serve de modelo para crianças e jovens utilizarem e usufruírem outros espaços informacionais semelhantes ao longo de sua vida" (Campello, 2009, p. 28).

Nesse sentido, e a partir das colocações de Campello, podemos observar que os PCNs de Língua Portuguesa, na seção *Os recursos didáticos e sua utilização*, se limitam a delinear tais funções educativas como sendo papel da escola sem ao menos mencionar a importância do bibliotecário nesse processo. Reconhecemos a escassez de profissionais formados em biblioteconomia em grande parte das instituições escolares (ou mesmo em diversas localidades e municípios) de um país de tão amplas dimensões como o Brasil, bem como a inexistência de bibliotecas escolares em muitas de nossas escolas. Ressaltamos, mais uma vez, a enorme relevância de projetos muito bem-sucedidos vinculados à leitura e ao letramento realizados em salas de leitura e em espaços de leitura alternativos, bem como das práticas de letramento informacional procedidos em espaços outros que extrapolam as paredes da biblioteca escolar e os muros da escola.

A partir dos PCNs, diríamos que o papel da escola (leia-se: do bibliotecário, do professor dinamizador e do agente de leitura) é fundamental

> *para a organização de critérios de seleção de material impresso de qualidade e para a orientação dos alunos, de forma a promover a leitura autônoma, a aprendizagem de procedimentos de utilização de bibliotecas (empréstimo, seleção de repertório, utilização de índices, consulta a diferentes fontes de informação, seleção de textos adequados às suas necessidades, etc.), e a constituição de atitudes de cuidado e conservação do material disponível para consulta. Além disso, a organização do espaço físico – iluminação, estantes e disposição dos livros, agrupamentos dos livros no espaço disponível, mobiliário, etc. – deve garantir que todos os alunos tenham acesso ao material disponível. Mais do que isso: deve possibilitar ao aluno o gosto por frequentar aquele espaço e, dessa forma, o gosto pela leitura* (Brasil, 1997, p. 61).

A função educativa do bibliotecário deve ser valorizada, pois, no que diz respeito ao desenvolvimento de habilidades informacionais e à contribuição para a melhoria das capacidades de pesquisa e de leitura dos alunos, ajudando "crianças e jovens em fase de educação a se tornar pessoas capazes de aprender a partir de informações" (Campello, 2009, p. 9).

O letramento e o respeito à fala do aluno

Em que momentos o texto informacional e os diversos textos veiculados nas vias públicas da cidade se entrecruzam? Como o desenvolvimento de habilidades para buscar e usar fontes de informação pode contribuir para a leitura de textos informativos e para a leitura da cidade? Até que ponto a experiência linguística prévia do aluno influencia sua produção de sentido a partir de um texto lido? Com a intenção não de respondermos, mas de lançarmos problematizações pertinentes que conduzam o professor e o bibliotecário a desenvolverem ações reflexivas e a questionarem práticas arraigadas e perpetuadas pela cultura escolar, destacamos nesta e na seção seguinte algumas considerações de Terzi (1995) em seu artigo "A oralidade e a construção da leitura por crianças de meios iletrados".

Para Terzi (1995), a escrita dos textos trabalhados na escola é, com frequência, percebida como um objeto um tanto diferente da oralidade utilizada na fala cotidiana de crianças provenientes de meios iletrados. Para elas, o texto escrito é um "conjunto de 'palavras' cujo significado não interessa, a leitura é vista como apenas decodificação dessas 'palavras', e compreender  o texto nada mais é que usar a estratégia de pareamento e mecanicamente localizar a resposta" (Terzi, 1995, p. 103-104).

Essa distância entre a oralidade das crianças de meios iletrados e a escrita ensinada-aprendida na escola pode ser rompida, afirma a autora, ao viabilizarmos aos alunos a produção de sentido a partir do texto lido, inicialmente por meio de paráfrases feitas pelo educador com base nas leituras praticadas na biblioteca escolar, utilizando, em tais paráfrases, a linguagem cotidiana dos alunos.

Na proposta por nós elaborada a partir do artigo de Terzi (1995, p. 113), "a oralidade e a escrita passam a ser vistas como duas maneiras de significar, e a maneira já conhecida torna-se ponto de referência para a compreensão da maneira ainda desconhecida". O texto escrito passa a ser percebido em um "contínuo comunicativo do qual a oralidade é parte constitutiva e transformadora" (Terzi, 1995, p. 113).

A compreensão de que a experiência da oralidade influencia e permeia todo o processo de aprendizagem da leitura e da escrita é fundamental para que as práticas de letramento realizadas pelo professor e pelo bibliotecário sejam bem-sucedidas. É necessário que o educador respeite a fala cotidiana do aluno, permitindo que este, por meio de sua oralidade, possa se expressar acerca das leituras efetivadas na biblioteca e produzir sentido a partir dos textos escritos. Ademais, a interação e o processo comunicativo entre, de um lado, o aluno, e, de outro, o professor ou bibliotecário, bloqueados grande parte das vezes por preconceitos linguísticos e culturais propagados e ainda perpetuados pela cultura escolar, serão favorecidos por meio dessa prática que, ao mesmo tempo, facilitará ao aluno a identificação no texto de palavras por ele já conhecidas.

Poderíamos resumir essa possibilidade de prática nas seguintes palavras: a partir da leitura efetivada pelo aluno, o educador apresentará aspectos significativos e temáticos do texto lido por meio de paráfrases orientadas e de pequenos resumos, utilizando para isso uma fala próxima à fala cotidiana do educando, para que desse modo favoreça a este a atribuição de sentido ao texto com base em sua experiência linguística prévia. Em seguida, será feita uma segunda leitura do texto, ocasião em que o professor ou bibliotecário orientará o aluno na análise da escrita, relacionando "esta análise à atribuição de sentido ao texto" (Terzi, 1995, p. 109). O aluno, por fim, materializará sua interpretação do texto em paráfrases faladas e escritas, utilizando, para tanto, prioritariamente, sua fala cotidiana.

Letramento informacional: dos periódicos às placas com nome de rua

A partir de dada aplicação descrita no estudo de Terzi (1995) podemos atestar a importância das práticas de letramento tanto a partir de textos informativos como a partir dos tantos textos presentes nas vias públicas da cidade. A atividade em questão inicia-se com a leitura individual do seguinte artigo de jornal por crianças de meios iletrados que, na ocasião, cursavam a 2ª série do Ensino Fundamental (correspondente ao 3º ano):

> **A cidade reclama**
> *Na esquina da rua Antonio Lobo com Paulo Setúbal, há um monte de lixo em frente a um terreno. A área está cercada por tábuas, mas o lixo foi jogado na parte de fora do terreno, ocupando toda a calçada e parte da rua, o que dificulta o tráfego pelo local. Segundo os vizinhos, o lixo toma conta do local há vários dias, sem que qualquer providência tenha sido tomada* (Terzi, 1995, p. 110).

Apresentando o diálogo entre a pesquisadora (P) e uma das crianças (F), Terzi (1995) nos mostra como se deu a produção de sentido (sem intervenção do pesquisador na compreensão inicial) a partir da leitura individual feita por F:

P – Então, o que diz o texto?

F – Reclama que tem um monte de lixo na frente deles e a areia tá cheia de tauba por cima. Os vizinhos também reclamam. E na esquina da rua.

P – Por que reclamam?

F – Porque a rua tá cheia de lixo e a areia tá com um monte de tauba.

P – E com isso ficou difícil o quê?

F – Passar.

P – Por que, você acha, que eles publicaram isso no jornal?

F – É que tava ocupando todas as calçadas, ocupando a estrada. Porque a frente deles estava muito suja que a gente ficava jogando lixo.

P – E publicando no jornal resolve o problema?

F – Resolve.

P – Como?

F – Eles vão lá limpar.

P – Quem cuida disso?

F – Os homens que trabalham em algum lugar (Terzi, 1995, p. 110-111).

A partir do diálogo citado, Terzi (1995) tenta reconstruir o processo de construção de sentido utilizado por F. Para a pesquisadora, a resposta acerca do tema do texto foi deduzida provavelmente com base no título da matéria *A cidade reclama*. Por outro lado, os nomes próprios referentes aos nomes de rua tiveram como sentido atribuído "o papel de personagens" (Terzi, 1995, p. 111). Curiosamente, afirma a autora, as três crianças entrevistadas atribuíram sentido de papéis de personagens aos nomes de rua, o que se deve ao fato de que "essas crianças não haviam participado de eventos de letramento focalizando nomes de ruas" (Terzi, 1995, p. 111) em virtude de não haver em sua comunidade nomes de ruas, que dirá placas nos logradouros.

> *Assim, desconheciam, como demonstraram em conversa posterior, a função do uso do nome como homenagem a uma pessoa supostamente dela merecedora, tanto no que se refere a nomes de ruas, entidades, instituições etc. como ao nome da própria escola que frequentavam. [...] A ausência de conhecimento sobre este uso de nomes próprios impediu a compreensão esperada e fez com que as crianças atribuíssem os nomes das ruas a personagens do texto. No caso de F, como espera que o texto apresente uma reclamação, ela faz os nomes corresponderem aos reclamantes* (Terzi, 1995, p. 111-112).

No que diz respeito ao motivo da reclamação, à descrição do problema e à identificação dos causadores do problema, F atribui o sentido previsto, no entanto, em razão de sua experiência prévia (que o conduz a pensar na possibilidade de haver restos de construção na beira da rua e possivelmente por desconhecer a palavra "área") a criança interpreta o trecho "A área está cercada por tábuas" como correspondendo a "A areia tá cheia de tauba por cima" ou "A areia tá com um monte de tauba". Segundo Terzi (1995, p. 113), embora o processo de atribuição de sentido de F nos revele de modo claro "o uso imbricado e equilibrado das informações textuais como índices que ativam tanto os conhecimentos sociais, quanto as regras para preenchimento de implícitos e pressupostos", a seleção de informações para a produção de sentido bem como sua interpretação parecem não reflexivas, "isto é, não há um procedimento em que a própria interpretação é continuamente reavaliada" (Terzi, 1995, p. 113); em outras palavras, F parece se apropriar do texto normatizando-o, nele efetuando transformações para que ele se adéque à hipótese que construiu sobre o seu conteúdo.

Portanto, considerando-se que o letramento informacional abrange desde o desenvolvimento das habilidades de busca, localização e usos não apenas dos textos informativos não ficcionais, mas também dos textos literários ficcionais, podemos considerar que as práticas de letramento informacional devem também contemplar a busca de fontes de informação dentre as tantas que permeiam nossos ires e vires nas vias urbanas (placas, cartazes, anúncios, *outdoors*, letreiros etc.), bem como as que preenchem

o ciberespaço, povoando a internet, e os seus múltiplos usos. Daí a importância de reconhecermos o valor da função educacional a ser desempenhada não apenas pelo professor no processo de alfabetização e nas práticas de letramento com os mais diversos gêneros textuais, mas também do bibliotecário nas ações e práticas de desenvolvimento de letramento informacional no espaço da biblioteca escolar.

Por uma ação reflexiva

Antes de apresentarmos atividades, lançamos algumas questões sobre práticas e visões consolidadas com o intuito de que as ações efetivadas na biblioteca escolar ou espaço de leitura se façam de modo reflexivo: de que modo você, profissional de educação (professor ou bibliotecário), tem favorecido e valorizado as práticas de letramento informacional no que diz respeito à habilitação de alunos para busca e usos de fontes de informação? Quais têm sido as suas contribuições para a consolidação do espaço da biblioteca escolar como lugar de pesquisa (busca e uso de fontes de informação), de leitura, de letramento, de colaboração entre profissionais de educação? Até que ponto as práticas de letramento efetivadas, ou potencialmente realizáveis, nas vias públicas da cidade têm sido abordadas por você como letramento informacional, ou seja, de modo que se desenvolva nos alunos a capacidade de buscar e usar tais gêneros como fontes de informação? Em que proporção os periódicos, os livros informativos, os cartazes, os anúncios, as placas indicativas (incluindo as placas dispostas nas estantes da biblioteca escolar indicando assuntos e seções) têm sido utilizados nas práticas de letramento por você desenvolvidas na biblioteca escolar?

Proposta prática:
trabalhando com periódicos e livros informativos

É frequente o interesse dos alunos pelos textos informativos. Nos horários de pátio ou de visita não agendada à biblioteca, é possível perceber o quanto os alunos se interessam em consultar tanto os periódicos (jornais ou revistas informativas) como os livros informativos, dentre eles as enciclopédias visuais e ilustradas. Esse interesse se deve, sobretudo, à curiosidade dos alunos por temas por eles ainda desconhecidos ou apenas parcialmente conhecidos, alguns dos quais serão abordados em anos posteriores, afirma Campello (2009). Segundo a autora, "o trabalho didático com textos informativos contribui para o processo de letramento das crianças e deve, portanto, começar desde cedo na escola, mesmo antes de as crianças aprenderem a ler formalmente" (Campello, 2009, p. 74).

O letramento informacional, envolvendo a leitura informativa, diz respeito à aprendizagem por meio do uso das informações. Seus programas incluem "tanto a leitura de textos de não ficção, os chamados textos informativos, quanto a leitura literária, de textos ficcionais" (Campello, 2009, p. 71). Por esta razão, Campello (2009, p. 75) sugere que no processo de letramento seja feito um balanceamento na oferta de livros de literatura e de livros informativos. Para a autora, na fase de alfabetização ocorre a descoberta da existência de dois modos de leitura que se opõem. Em uma é adotada a "posição eferente" com a motivação primordial de obter informação: a criança busca entender o que diz o texto. "Na outra se adota a 'posição estética', na qual o interesse é mais voltado para o que estamos experimentando, pensando ou sentindo durante a leitura" (Campello, 2009, p. 75). Os leitores também podem mudar de posição durante a leitura, lendo um livro informativo de modo estético e um livro literário de modo eferente. É papel dos mediadores das práticas de letramento, portanto, auxiliar os alunos no entendimento dessas diferenças e de suas nuances (aproximações e distanciamentos relativos), assegurando, com esse intuito, o acesso dos alunos a ambos os tipos de fonte: literária e informacional.

Como sugestão de trabalho, propomos a realização de práticas de letramento a partir de textos de periódicos: jornais, revistas, almanaques. Para tanto, o bibliotecário ou professor partirá da leitura de textos prioritariamente escolhidos pelos alunos a partir de textos previamente apresentados e disponibilizados pelo educador, presentes em periódicos adequados à faixa etária e ao grau de maturidade da turma.

Em um primeiro momento, a leitura será feita em voz alta pelo educador que fará paráfrases de trechos lidos, utilizando nessas paráfrases uma fala próxima à dos alunos, com a intenção de favorecer a eles a produção de sentido a partir do texto escrito, como sugerido por Terzi (1995). Por fim, depois de concluída a leitura do texto, o educador fará um resumo para os alunos, prezando ainda por usar a fala cotidiana deles.

Em seguida, será feita uma segunda leitura direta (sem paráfrases) para que se possa dar início a uma roda de conversa sobre o artigo lido. Ocasião em que os alunos farão a análise e a interpretação do texto sob a orientação do educador.

Na segunda parte dessa atividade, cada pequeno grupo de crianças (a turma será dividida em pequenos grupos de crianças) escolherá uma matéria ou artigo para leitura no espaço da biblioteca escolar em meio aos informativos disponibilizados (em nossas oficinas utilizamos a revista *Ciência Hoje das Crianças*, incluída no *PNBE Periódicos*). Para a leitura, os alunos contarão, sempre que necessário, com o auxílio do educador, que favorecerá a produção de sentido ao parafrasear, em fala próxima à linguagem cotidiana utilizada pelos alunos, os trechos do texto lido. Atentamos para a importância de que o bibliotecário ou professor faça a paráfrase depois da leitura em voz alta do texto escrito para que, desse modo, os alunos remetam a atribuição de sentido (favorecida pela paráfrase em fala cotidiana) ao texto escrito. Por fim, os alunos poderão reler o texto sem necessidade de paráfrases.

Em outras palavras, a interpretação do texto lido se dará a partir de paráfrases orais que apresentem elementos da língua oral que constitui a experiência linguística prévia dos próprios alunos. Desse modo, viabilizar-se-á a produção de sentido a partir do texto escrito, ou seja, o favorecimento da compreensão da escrita se dará concomitantemente às práticas de letramento.

Por fim, cada grupo compartilhará oralmente com a turma o assunto e as informações do texto lido, podendo utilizar-se para isso de elementos de sua fala cotidiana, que deverá ser respeitada pelo educador e pelos outros alunos. Esta atividade pode ser feita a partir da leitura de periódicos, livros informativos ou *sites* da internet sobre temas específicos.

Em algumas das nossas oficinas, ao sugerirmos às crianças que buscassem fontes de informação para leitura na biblioteca escolar para em seguida compartilharem o que haviam encontrado, lido e aprendido (como proposto anteriormente), optávamos por deixar as crianças livres no processo de escolha, permitindo que transitassem entre textos predominantemente literários e fontes de informação predominantemente informacionais sem necessariamente constituírem grupos fixos. Nesses momentos, priorizávamos para observar os critérios individuais de escolha dos alunos, bem como suas preferências pessoais.

Em uma dessas ocasiões, ao trabalharmos com uma turma do 3º ano, percebemos que enquanto algumas crianças seguiam em direção às obras ficcionais do acervo de livros da literatura infantil ou às caixas de gibis, um grupo de cinco crianças se aproximou da estante de revistas, onde recentemente haviam sido acrescentadas as últimas edições da revista *Ciência Hoje das Crianças*.

A diversão desse grupo de cinco crianças começou quando um dos meninos, ao olhar para a capa de uma das revistas *Ciência Hoje das Crianças* (a revista correspondia à edição 236, com matéria de capa "O mundo vai acabar? O que os maias têm a ver com isso?") disse: "Aí, não falei que o mundo vai acabar? Tá falando aqui, ó, 'o mundo vai acabar'", apontando para os dizeres da manchete. Outro dos meninos presentes no grupo retrucou, indicando o ponto de interrogação: "Tá perguntando. Aqui o ponto, ó: 'o mundo vai acabar?'". "Vai acabar sim, eu vi na televisão", disse o primeiro enquanto abria a revista na página da matéria de capa. E começou a ler em voz alta para os colegas em meio a debates. Duas meninas se aproximaram, escutaram suas leituras e comentários e logo começaram a folhear outras revistas até escolherem outro exemplar de *Ciência Hoje das Crianças* (edição 235, com matéria de capa intitulada "Reunião pelo futuro da Terra: vem aí a

Rio+20") levando-o aberto para uma mesa onde dois outros meninos e uma menina estavam. Então uma delas anunciou o título da matéria que tinha provocado sua curiosidade: "*Você sabia que é o cavalo-marinho macho que fica... 'Grávido'?*". Outra menina que já estava sentada à mesa disse imediatamente: "Que bonitinho!", enquanto um dos meninos se admirou: "Grávido?". Uma das meninas que havia escolhido a revista começou a ler enquanto os outros escutavam atentos. Nesse meio tempo, buscamos orientar a leitura e a produção de sentido a partir do texto fazendo paráfrases de trechos e da totalidade da matéria enquanto eles liam.

Enquanto isso, do grupo que lia a matéria sobre o fim do mundo, um menino havia se afastado para folhear sozinho outras revistas enquanto os outros continuavam a ler, comentar, acrescentar informações e conjecturas. Aproximamo-nos do grupo para propor uma paráfrase da matéria, favorecendo a produção de sentido. O menino que havia escolhido a revista, e que em princípio estava certo de que o mundo iria acabar, ficou um pouco desapontado em razão de a informação não corresponder com sua opinião e só então deu o braço a torcer, afastando-se do grupo com a revista na mão enquanto os outros começavam a folhear outros exemplares na estante. Ele se dirigiu para uma mesa onde outras crianças conversavam e anunciou a todos: "O mundo não vai acabar. Eu sei. Aqui na capa tá perguntando, mas eu já sei a resposta. Eu li. O mundo não vai acabar". Os outros se mostraram curiosos e mais um grupo de leitura se formou em torno do tema e do texto. O mais curioso neste último grupo foi a reação de uma criança que apresentava enorme dificuldade de leitura e que raramente lia na biblioteca sem a nossa intervenção direta. Depois de escutar os argumentos do colega que havia anunciado que o mundo não iria acabar e de escutar sua leitura, ele pegou a revista e tentou ler logo que o colega que a havia trazido se afastou. Logo nos aproximamos e pudemos auxiliá-lo em sua leitura, elaborando paráfrases para favorecer a produção de sentido. Pela primeira vez, ele pareceu mostrar interesse pela leitura. Em seguida lhe apresentamos a estante de revistas lendo em voz alta algumas manchetes de capa. As revistas que despertavam interesse eram logo folheadas por ele. A partir de então, sempre que destinávamos momentos de leitura livre ele seguia para a estante de revistas e sob nossa orientação lia alguma matéria da revista *Ciência Hoje das Crianças*.

Poderíamos dizer que aquele primeiro menino (que em princípio considerava provável a ocorrência do fim do mundo

e que depois de ler a matéria mudou de opinião) atuou como atrator, conduzindo à leitura tanto os meninos do grupo de cinco crianças (que primeiro se acercou da estante de revistas) como do grupo de meninas que deste primeiro grupo se aproximou. No entanto, ao levar a revista (agora com a visão de quem produziu sentido a partir de uma leitura prévia) promoveu essa atração à leitura em um menino que até então não se sentira por ela atraído. Nosso agente de leitura conseguiu, com sua conquista própria de ler sob orientação, produzir sentido, reconsiderar seus conhecimentos prévios, ler com conhecimento de causa e conquistar outra criança para a leitura. Na matéria "O homem da mala azul", exibida pelo programa *Fantástico*, Maurício Leite afirma, com relação ao estímulo à leitura, que "o segredo é dar o livro certo para a pessoa certa na hora certa e sair de perto" (Leite, 2012). Parafraseando Maurício Leite, podemos afirmar que foi exatamente por ter lido o texto certo para a pessoa certa na hora certa e em seguida tê-la deixado sozinha com a revista que esse menino conseguiu, em poucos minutos, o que há tanto tempo tentávamos junto ao seu colega: abrir-lhe as portas ao mundo da leitura.

Outra possibilidade de trabalho com livros informativos diz respeito à leitura de biografias. Segundo Costa (2008, p. 42), a biografia é uma "narração oral, escrita ou visual dos fatos particulares das várias fases da vida de uma pessoa ou personagem [...] em livro, filme, texto teatral", podendo ser escrita em terceira pessoa ou em primeira pessoa (autobiografia). Com relação à forma, a biografia apresenta-se como narrativa ou em ordenação cronológica.

Ao trabalharmos com livros informativos biográficos, apresentávamos em nossas oficinas elementos outros vinculados ao biografado, como músicas, canções, livros, contos, fotos e vídeos do biografado, imagens e vídeos com invenções dos biografados ou relativas ao momento histórico em que este viveu.

O estudo da vida e da obra de músicos brasileiros, por exemplo, pode ser feito unindo-se a apreciação de suas músicas, interpretações e canções à leitura: de alguns títulos da coleção *Crianças Famosas* da Callis Editora tais como *Carlos Gomes* e *Villa-Lobos* de Nereide S. Santa Rosa; *Cartola* e *Chiquinha Gonzaga* de Edinha Diniz; de obras como *Chiquinha Gonzaga e a melodia das palavras*, *Cantar era seu sonho* (sobre Clementina de Jesus) e *Villa-Lobos, o maestro*, de Lúcia Fidalgo, publicadas pela Editora Paulus; ou dos livros *A menina Inezita Barroso* e *Lua estrela baião: a história de um rei* (sobre Luiz Gonzaga) de Assis Ângelo pela Cortez Editora. Tais leituras poderão ser complementadas com informações presentes nos livros da coleção *Mestres da Música no Brasil,* da Editora Moderna, que apresentam biografias de Adoniran Barbosa, Braguinha, Noel Rosa, Paulinho da Viola e Pixinguinha, de André Diniz e Juliana Lins; Ary Barroso e Luiz Gonzaga, de Luís Pimentel; Caetano Veloso e Gilberto Gil, de Mabel Velloso; Cartola, de Mônica Ramalho; Chico Buarque, de Angela Braga-Torres; Chiquinha Gonzaga, de Edinha Diniz e Heitor Villa-Lobos, de Loly Amaro de Souza. Outra possibilidade é trabalhar com biografias de escritores, estadistas, cientistas, educadores (as biografias de artistas plásticos serão apresentadas no capítulo seguinte).

Sugerimos ainda o trabalho com livros informativos sobre: manifestações culturais e artísticas; aspectos históricos, culturais, econômicos, geográficos e ambientais de cidades, estados, regiões e países; seres vivos, ecossistemas, ecologia e meio ambiente; temas éticos; trabalho e consumo; cidadania e direitos; respeito à diversidade e à pluralidade cultural; saúde e higiene. O trabalho com informações suscita frequentemente discussões produtivas e leva a criança a querer saber mais sobre o assunto ou temas afins. Um livro informativo conduz a outras fontes de informação impressas ou virtuais. Referências, glossários, dados, datas e documentos presentes em livros informativos devem ser utilizados como potencial recurso que conduz a outras buscas e usos de informações complementares. Pesquisas, experiências prévias, conversas com especialistas, artistas e profissionais também são possibilidades riquíssimas a partir das atividades com livros informativos.

Livros sugeridos para ações literárias

Cantar era seu sonho
- Lúcia Fidalgo
- Ilustrações: Robson Araújo
- Editora Paulus

A autora narra a vida de Clementina de Jesus. Nascida em Valença, Clementina transforma-se mais tarde em um ícone da nossa música e faz de seu trabalho um importante elo entre a cultura brasileira e a africana.

Abecedário da natureza brasileira
- Cristina Santos
- Ilustrações: Freekje Veld
- Cortez Editora

O livro apresenta uma amostra da riquíssima biodiversidade brasileira. Para cada letra do alfabeto, são reveladas informações sobre um animal, planta ou ambiente natural, permeadas por lendas indígenas.

O menino que aprendeu a ver
- Ruth Rocha
- Ilustrações: Elisabeth Teixeira
- Quinteto Editorial

O livro conta a história de um menino que, diante das situações de letramento do cotidiano, encanta-se cada vez mais com as letras e palavras que aprende a decifrar ao ser alfabetizado na escola.

Isabel
- Carolina Vigna-Marú
- Cortez Editora

Em uma narrativa surpreendente, a autora reapresenta ao leitor uma das mais importantes e conhecidas figuras da história do Brasil: a Princesa Isabel.

O grito do rio Tietê
- Amir Piedade
- Ilustrações: Luiz Gesini
- Editora Elementar

O rio Tietê revela seu maior sonho após narrar o próprio curso desde o momento em que nasce pequeno e limpo, até receber nas cidades o lixo das indústrias e o esgoto residencial, ficando poluído e quase sem vida.

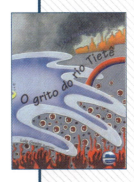

Para além da biblioteca escolar:
cartazes, anúncios e placas

Nesta atividade partimos da proposta de *alfabetizar letrando*, lançada por Soares (2005), considerando a extrema relevância de que as práticas de letramento informacional também se efetivem diante das distintas fontes informacionais presentes nos diversos gêneros textuais das vias urbanas.

Para tanto, iniciamos o trabalho com a leitura do livro O *menino que aprendeu a ver*, de Ruth Rocha, publicado pela Quinteto Editorial, que conta a história de João, um menino que não compreendia os "sinais" que via nas placas e letreiros da cidade, até que foi à escola pela primeira vez e aprendeu o "A". Ao sair reparou que "magicamente" o "A" apareceu nas placas, letreiros e cartazes. A partir de então, a "mágica" aconteceu todos os dias, até que um dia ele aprendeu a "ver" que estava aprendendo a "ler". É uma bela história, que por si motiva os alunos à busca pelo domínio da leitura. Ao ler o livro em voz alta e conversar com a turma sobre o assunto, perguntando em que situações eles se sentiram ou se sentem como o João do começo da história, é possível identificar portadores textuais que despertam curiosidade de leitura e de produção de sentido nos alunos, por exemplo, algumas crianças podem expressar a curiosidade de saber o que está escrito na placa da porta da sala onde ficam os professores ou em alguma placa com nome de rua ou de estabelecimentos e instituições, o que rende ótimas ideias para as atividades a serem realizadas fora da biblioteca e da escola.

Após a leitura do livro e de uma boa conversa sobre o tema, o bibliotecário ou professor pedirá aos alunos que observem as placas, letreiros e cartazes ao longo do caminho de sua casa até a escola e que, para o encontro seguinte, registrem por escrito essas placas do modo como leram, apresentando para a turma seus registros. Essa mesma atividade pode ser feita várias vezes durante o ano para acompanhar a evolução da leitura, da escrita e da produção de sentido.

A partir do trabalho realizado será agendado um dia de passeio nos arredores da escola. O passeio será planejado com antecedência de modo que o educador possa elaborar um roteiro identificando placas, cartazes, letreiros, anúncios que possam ser utilizados para as práticas de letramento, sempre aliadas a explicações sobre os estabelecimentos, os produtos e as informações veiculados nesses portadores textuais, bem como sobre as finalidades desses gêneros textuais em seu contexto de uso.

De acordo com o desenvolvimento da turma, sugerimos a realização da atividade *Os caçadores da placa perdida*. O bibliotecário relacionará algumas palavras presentes nas placas do roteiro que será percorrido com os alunos. Então, depois da leitura de todos os portadores que houver considerado relevantes para a atividade proposta, ele lançará uma palavra presente em alguma das placas visíveis pelos alunos no momento da brincadeira. O educador dirá, por exemplo, "Quero ver quem vai conseguir achar a palavra 'Costa'". Então os alunos buscarão até que algum deles encontre e leia o trecho onde está escrito "Costa", por exemplo: "Eletrônica Costa"; ou "Vamos ver quem vai achar a palavra 'almoço'". Nesse caso, é possível que alguma criança aponte automaticamente para um restaurante, mas, no caso, a palavra almoço pode estar escrita em uma placa pendurada na porta de uma loja de variedades: "fechado para almoço". O grau de dificuldade deverá variar de acordo com o nível de leitura da turma.

Para conhecer mais

CAMPELLO, Bernadete Santos. *Letramento informacional*: função educativa do bibliotecário na escola. Belo Horizonte: Autêntica Editora, 2009.

_____. Perspectivas de letramento informacional no Brasil: práticas educativas de bibliotecários em escolas do ensino básico. *Encontros Bibli* (Online), v. 15, p. 184-208, 2010. Disponível em: <http://www.periodicos.ufsc.br/index.php/eb/article/view/1518-2924.2010v15n29p184>. Acesso em: 21 mar. 2012.

FERRAREZI, Ludmila; ROMÃO, Lucília Maria Souza. Sentidos de biblioteca escolar no discurso da ciência da informação. *Inf. & Soc.*, João Pessoa, v.18, n. 3, p. 29-44, set./dez. 2008.

NEVES, Iara Conceição Bitencourt. Ler e escrever na biblioteca. In: NEVES, Iara Conceição Bitencourt; SOUZA, Jusamara Vieira; SCHÄFFER, Neiva Otero; GUEDES, Paulo Coimbra; KLÜSENER, Renita (Orgs.). *Ler e escrever*: compromisso de todas as áreas. Porto Alegre: Editora da UFRGS, 2004.

TERZI, Sylvia Bueno. A oralidade e a construção da leitura por crianças de meios iletrados. In: KLEIMAN, Angela B. (Orgs.) *Os significados do letramento*: uma nova perspectiva sobre a prática social da escrita. Campinas: Mercado das Letras, 1995. p. 91-117.

↘ **CAPÍTULO 3**

A biblioteca escolar entre textos e imagens

Dos quadrinhos e livros sem texto aos livros informativos sobre arte

> A criança redige dentro da imagem. Por isso, ela não se limita a descrever as imagens: ela as escreve, no sentido mais literal. Ela as rabisca. Graças a elas, aprende, ao mesmo tempo, a linguagem oral e a linguagem escrita (Benjamin, 1994, p. 242).

A arte e o livro infantil: alguns marcos históricos

Até bem pouco tempo atrás, os críticos literários que estudavam a literatura infantil, concentrando-se no texto, deixavam de lado o valor comunicativo da ilustração ao lado do texto, destacada somente a partir de estudos mais recentes, afirma Ainara Erro (2000).

Segundo a autora, o primeiro livro com ilustrações para crianças a surgir na Europa foi *Orbis sensualium pictus* (*O mundo visível em imagens*) de Amos Comenius (Comenius, 1887), publicado ainda no século XVII, precisamente em 1685. Portanto, "na origem do livro infantil está a enciclopédia ilustrada, o dicionário ilustrado", ressalta Benjamin (1994, p. 237). Neste livro informativo, que inaugura a produção de livros ilustrados para crianças, cada tema vinha acompanhado de uma ilustração que facilitava a aprendizagem por apresentar números que indicavam detalhes correspondentes a trechos do texto.

A partir do século XVII, surgiriam outros livros informativos ilustrados destinados ao público infantil, como, por exemplo, *Elementartwerk* (*Obra elementar*), publicado por Johann Bernhard Basedow, em 1774, e *Bilderbuch für Kinder* (*Livro ilustrado para crianças*), publicado por Friedrich Johann Justin Bertuch, entre 1792 e 1847 (Benjamin, 1994, p. 237), dentre outros. No entanto, ao que tudo indica, os livros literários para crianças só viriam a receber ilustrações a partir do século XIX, quando despontam grandes ilustradores como Randolph Caldecott, Walter Crane e Kate Greeaway (Erro, 2000, p. 501). Destacaram-se ainda, nesta época, Gustave Doré, John Tenniel, George Cruikshank, Richard Doyle, dentre outros.

Nas primeiras obras da literatura infantil ilustradas, a arte visual não contribuía efetivamente com a narração, recaindo a importância da obra no texto. Por haver rompido com essa tendência, afirma Erro (2000, p. 504), Caldecott intitulou-se pioneiro na criação de verdadeiros livros ilustrados na segunda metade do século XIX.

No Brasil, até o ano de 1920, as ilustrações dos livros infantis se reduziam a repetir o que dizia o texto. O livro *A menina do narizinho arrebitado*, publicado por Monteiro Lobato em 1920 e ilustrado pelo renomado desenhista Voltolino, inaugura a obra lobatiana, "verdadeiro ponto de partida da literatura infantil brasileira" (Coelho, 2006, p. 641). Sua obra apresenta um cuidado estético que em muito difere do vigente até então. Com relação às ilustrações de Voltolino para este livro, Luis Camargo (1995) afirma:

> *O projeto gráfico é variado, cada página parece ter um desenho próprio: ilustrações de quase meia página, vinhetas de mais ou menos ¼ de página, páginas com duas vinhetas alternadas, por exemplo, uma no canto superior direito e outra no canto inferior esquerdo, etc. [...] Em alguns momentos, a ilustração apresenta uma linguagem tipicamente cinematográfica, como nas páginas 18-19, em que há uma passagem de um plano de conjunto para um plano de detalhe* (Camargo, 1995, p. 59-60).

Mas seria apenas em 1969, com a publicação de *Flicts*, que ocorreria uma verdadeira revolução na ilustração de livros infantis no Brasil. Nessa obra de Ziraldo, as imagens não se reduzem a ornamento do texto de modo complementar às informações escritas, "pelo contrário, as cores é que falam, competindo à expressão verbal esclarecer o assunto e explicar o conflito, vivenciado pelo herói, ele mesmo um pigmento que não encontra lugar no universo dos tons pictóricos" (Zilberman, 2005, p. 155). O livro só se faz possível com a presença das imagens que o compõem.

A relação entre o texto e a imagem no livro infantil

A partir do exposto anteriormente, fica evidente que a ilustração adquiriu uma importância cada vez maior no âmbito da literatura infantil. Em nossa sociedade atual, a imagem tem um papel protagonista e as crianças por norma geral aprendem a decifrar signos icônicos desde muito novas. Erro (2000, p. 501-502) chama nossa atenção para o equívoco que é acreditarmos que a imaginação das crianças é puramente visual ou que a sua capacidade de compreender imagens é naturalmente maior do que sua capacidade para compreender palavras. Para ela, devemos nos conscientizar de que, ao contrário do que possa parecer, a interpretação de uma imagem está sujeita a convenções culturais que devem ser aprendidas para que se aprecie seu significado. Portanto, assim como é necessário conhecer os signos convencionais para se decifrar e compreender um texto, é imprescindível que se aprenda um código para "ler" imagens. A autora exemplifica essas convenções culturais ao afirmar que elas determinam que uma criança ocidental desenhe e

reconheça o sol como um círculo amarelo, enquanto uma criança japonesa convencionalmente o reconheceria e o desenharia como um círculo vermelho.

A relação de complementaridade entre texto e ilustração no livro destinado ao público infantil se dará, pois, de modo que ambos contenham uma mesma história embora ofereçam detalhes próprios sem serem repetitivos um com relação ao outro. Por características a ela inerentes, a imagem apresenta maior caráter descritivo do que o texto, enquanto este se centra nas características da ação, conduzindo a história em determinada direção (Erro, 2000, p. 506).

Para além desta relação de complementaridade, prossegue a autora, existem outras possibilidades que produzem efeitos de disparidade e de ironia entre as informações presentes no texto e nas ilustrações, concedendo a estas últimas o poder de criar possibilidades à interpretação ou ao desenvolvimento da história. Em um bom livro ilustrado, a relação entre texto e imagem deve ser simbiótica, ou seja, ambos os meios devem se associar em um objetivo comum de modo que cada um deles se beneficie da informação que proporciona ao outro e à história seja resultado dessa interação (Erro, 2000, p. 508); nesse caso, "todo o texto ilustrado vai, necessariamente, receber interferência de suas ilustrações [...] tudo o que o ilustrador fizer vai alterar e interferir na leitura (e no significado) do texto" (Azevedo, 1998b, p. 108).

Por essa razão é possível, afirma Ricardo Azevedo, que um desenho simples, sem grandes pretensões técnicas, elaborado em poucos traços, possa ser considerado uma ilustração infinitamente melhor "do que um desenho rebuscado, construído a partir de uma técnica requintadíssima, mas que em relação ao texto só consegue ser redundante" (Azevedo, 1998b, p. 107).

Para que se examine e se avalie um livro infantil, prossegue o autor, é fundamental ainda que se tenha em mente que um livro ilustrado é composto, em nível de linguagem, no mínimo, de três sistemas narrativos que se inter-relacionam: o texto propriamente dito, as ilustrações e o projeto gráfico. A partir do reconhecimento desses sistemas é possível observar se tais sistemas dialogam entre si.

Outro ponto a se destacar é que o caráter literário ou informativo de determinado texto a ser ilustrado vai determinar o aspecto mais subjetivo ou mais objetivo de sua ilustração. No

capítulo anterior referimo-nos, ao discorrer sobre o letramento informacional, aos textos não ficcionais de caráter predominantemente informativo e aos textos ficcionais de caráter prioritariamente literário.

Os textos informativos ou didáticos, que visam a uma motivação utilitária ou à transmissão de informações objetivas e impessoais acerca de dado assunto e que, por essa razão, precisam ser atualizados periodicamente, "apresentam sempre um referencial nítido e objetivo. Para ilustrá-los, em princípio, é necessário recorrer a imagens impessoais e unívocas que não deem margem a outras leituras" (Azevedo, 1998b, p. 110).

Por outro lado, os textos literários que possuem motivação estética e que visam à abordagem subjetiva e pessoal de temas e assuntos, utilizando-se da ficção e da linguagem poética e que, por essa razão, não são atualizáveis, senão no que diz respeito às mudanças ortográficas, prezam "pela subjetividade, pela ambiguidade, pela motivação estética, pelo estranhamento, pela plurissignificação, pela visão poética e particular da realidade" (Azevedo, 1998b, p. 111). Para ilustrá-los é necessário recorrer à subjetividade, à ambiguidade, à plurissignificação, ao enfoque poético e à linguagem metafórica.

Em outras palavras,

> *enquanto as imagens que pretendem ilustrar textos didáticos e informativos reafirmam, descrevem e corroboram o que o texto já disse, imagens que se dispõem a ilustrar textos de ficção e linguagem poética – a literatura – são obrigadas a criar uma espécie de ficção visual, totalmente subjetiva e cheia de elementos arbitrários, ampliando assim, consequentemente, o universo significativo do texto* (Azevedo, 2002, p. 6).

Livros sem texto

Os livros sem texto, livros de imagem, histórias sem palavras ou livros só-imagem são livros infantis que se caracterizam por apresentar como meio comunicativo exclusivo a imagem. Segundo Camargo (1995, p. 70), "livros de imagem são livros sem texto. As imagens é que contam a história". Coelho os define como sendo "livros que contam histórias através da linguagem visual, de imagens que falam" (Coelho, 2000, p. 161).

Nestes livros, afirma Erro (2000, p. 508), dois fatores fundamentais condicionam a transmissão de uma ideia pelo autor e a compreensão da mesma pelo receptor. São elas: o uso adequado das estratégias que conferem valor comunicativo e narrativo à imagem, e o nível de competência do leitor no que tange à interpretação de imagens e símbolos icônicos. Em virtude de não haver texto que guie a leitura das imagens, o ilustrador deve mostrar uma habilidade especial para usar corretamente tais convencionalismos e estratégias, criando uma linha de significado que conduza o leitor a interpretações por ele previstas. Por outro lado, a compreensão do leitor será maior na proporção em que este domine as estratégias e convenções utilizadas. Desse modo, embora esses livros aparentemente viabilizem múltiplas interpretações e significados que serão deflagrados a partir da imaginação do leitor, o ilustrador poderá limitar algumas das possíveis vias interpretativas por meio do uso de técnicas aplicadas à imagem, direcionando assim a criação de significados (Erro, 2000). Apesar da possibilidade de se direcionar a construção de significados, o livro sem texto é ponto de partida para inúmeras leituras de acordo com a experiência de cada leitor e as perguntas que ele fará às imagens. O livro sem texto viabiliza, dessa forma, "um alargamento do campo de consciência: de nós mesmos, de nosso meio, de nossa cultura e do entrelaçamento da nossa com outras culturas no tempo e no espaço" (Camargo, 1995, p. 79).

Camargo (1995) nos alerta ainda para o equívoco que é pensar que o livro sem texto é um livro para crianças que não sabem ler. Segundo Abramovich (1993, p. 33) são livros "feitos para crianças pequenas, mas que podem encantar aos de qualquer idade".

Abramovich (1993) sugere o trabalho de criação de textos orais a partir de livros sem texto, por meio do qual se faz possível a elaboração de recriações da história. Nesse ponto consideramos fundamental que ao se trabalhar com o livro sem texto o bibliotecário ou professor respeite o fato de que o ilustrador elaborou seu livro sem conferir-lhe um texto fixo, portanto, devemos partir do conceito de plurissignificação e da criação de textos a partir das várias vozes e dos vários olhares. Uma criação coletiva de textos orais a partir da "leitura" de um livro sem texto favorece a percepção por parte do aluno de  que são várias as possibilidades de leitura a partir das ilustrações. Por outro lado, a produção escrita individual a partir do texto feita por diversos alunos atestará a multiplicidade de significados que podem ser deflagrados a partir da sequência de imagens do livro. Chamamos a atenção do educador para que não seja imposta uma leitura em detrimento das demais ou que seja criado um texto para "contá-lo", o que limitaria em muito as múltiplas leituras e olhares por ele evocados.

Lançamos a possibilidade de narrar livros sem texto com o uso de mímica e de expressões faciais e gestuais aliado à produção de sons com efeito de sonoplastia e de falas e diálogos por meio da criação de uma língua abstrata, sem a emissão de palavras, apenas com entonação, ritmo e expressão (como nos diálogos do desenho animado suíço *Pingu*, no qual se faz uso de uma língua abstrata, o *Pinguinês*, criada pelo seu dublador original Carlo Bonomi), respeitando-se desse modo o caráter do livro (sem texto).

Histórias em quadrinhos: uma outra história

> *Como linguagem gráfica, as histórias em quadrinhos existem praticamente desde o início da história do homem, quando os nossos ancestrais, por meio de desenhos canhestros, contavam graficamente, nas paredes das cavernas em que habitavam, as peripécias de suas caçadas ou refletiam sobre o seu cotidiano. Como meio de comunicação de massa, pode-se dizer que os quadrinhos existem há mais de um século, florescendo vertiginosamente na imprensa sensacionalista norte-americana de finais do século 19. No entanto, contrariamente ao que esta longa trajetória levaria a crer, o reconhecimento das histórias em quadrinhos como uma produção artística e cultural de grande influência na sociedade ainda não se deu em sua plenitude, embora passos importantes nesse sentido tenham sido dados nos últimos 30 anos (Vergueiro, 2005, s/n).*

Embora as histórias em quadrinhos (HQs) tenham origem europeia, foi nos Estados Unidos da América (EUA) que elas adquiriram autonomia ainda no fim do século XIX, afirmam Campos e Lomboglia (1984). Nessa época, o quadrinho (*comics*) já contribuía enormemente com a venda dos jornais, ainda que não lhe fosse atribuído o caráter de nova manifestação artística.

Os primeiros anos do século XX testemunham os primeiros anos das HQs com a criação de histórias essencialmente humorísticas dos mais variados temas: "fantasias, histórias mitológicas e até ficção científica" (Campos; Lomboglia, 1984, p. 11). A década posterior à primeira guerra (década de 1920) deu lugar a duas correntes, a dos humoristas e a dos intelectuais. Destaca-se nessa época George McManus, criador da tira cômica *Bringing Up Father* com os personagens *Maggie* e *Jiggs* (no Brasil: *Pafúncio e Marocas*), a primeira a ganhar fama internacional. Mas é na década de 1930, "considerada a 'idade de ouro' dos quadrinhos" (Campos; Lomboglia, 1984, p. 12), que surgem *Mickey Mouse*, de Walt Disney, *Tintin*, de Hergé, *Betty Boop*, de Max Fleischer, *Tarzan*, de Harold Foster, *Fantasma* e *Mandrake*, de Lee Falk, dentre tantos outros.

No Brasil, ao que tudo indica, a primeira publicação de quadrinhos foi *O tico-tico*, revista criada em 1905 e destinada ao público infantil, nos moldes de produções estadunidenses similares e bem-sucedidas, elaboradas a partir de HQs norte-americanas que tinham seus desenhos copiados e seus enredos traduzidos para o público brasileiro: *Buster Brown and Tige*, de Richard Outcault (No Brasil: *Chiquinho e Jagunço*). As criações nacionais ficariam por conta de Alfredo Storni com *Zé Macaco e Faustina*, Luiz Sá com *Reco-Reco, Bolão e Azeitona* (Lachtermacher; Miguel, 1984).

Em 1950, a revista *Pato Donald* foi introduzida no Brasil pela Editora Abril, abrindo-se assim o mercado nacional para as produções Disney (Coelho, 1991). No ano seguinte, era realizada no Brasil a 1ª Exposição Internacional da História em Quadrinhos. Nessa mesma época, prossegue Coelho (1991), discussões questionavam o papel das HQs internacionais e nacionais na formação educacional das crianças. Em meio a esse embate, a Secretaria de Educação e Cultura do Município de São Paulo designou uma Comissão para avaliar que publicações poderiam se fazer presentes nos parques e nas bibliotecas infantis da municipalidade. Em seu parecer, a Comissão concluía que "a 'preguiça da leitura' era devido à 'generalização das histórias em quadrinhos', consideradas um perigo para nossa 'civilização multissecular da escrita'" (Coelho, 1991, p. 251), proibindo terminantemente o ingresso de revistas em quadrinhos nos parques infantis e nas bibliotecas da Prefeitura devido ao seu caráter antipedagógico, com exceção das revistas nacionais: *O Tico-tico, Tiquinho, Nosso Amiguinho, Cirandinha, Pinguinho, Sesinho, Vida Infantil,* e *O Crisol* (Coelho, 1991).

Se na década de 1960 surge, afirmam Lachtermacher e Miguel (1984, p. 47), "algo genuinamente nacional no campo dos quadrinhos": *O Pererê,* de Ziraldo, e *Os Fradinhos,* de Henfil, a década de 1970 é marcada pela criação da *Turma da Mônica* por Maurício de Sousa, que conquista "não só o mercado nacional, mas também o internacional" (Coelho, 1991, p. 258).

Para Santos e Vergueiro (2012, p. 82), a promulgação da LDB em 1996 é "um marco importante para a trajetória de aceitação das histórias em quadrinhos como ferramenta pedagógica no Brasil" no sentido de tal lei haver proposto, de certa forma, "um pacto entre este produto cultural midiático e a educação formal" (Santos; Vergueiro, 2012, p. 82).

HQs e tirinhas

Segundo Costa (2008), o gênero textual HQs caracteriza-se resumidamente por combinar linguagem verbal e linguagem visual de modo a tornar a comunicação mais rápida, conquistando para o lazer e o entretenimento leitores de várias idades. A complementaridade de texto e imagem é marca das HQs, possuindo geralmente um mesmo peso e sendo ambos responsáveis pela constituição da narrativa. "Dessa forma, entende-se que não basta 'ler' apenas o elemento textual (diálogos e textos narrativos) de uma história em quadrinhos. É preciso ir além" (Santos; Vergueiro, 2012, p. 85).

As HQs diferem da escrita narrativa tradicional por apresentarem em sua construção formal recursos icônico-verbais próprios e recorrentes (Figuras 1 e 2), afirma Costa (2008), destacando-se, dentre eles: a *vinheta* (quadrado que

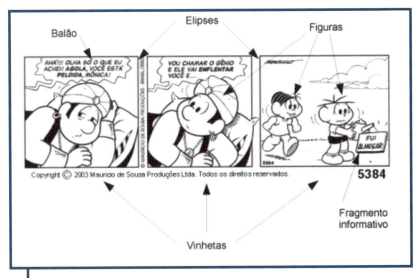

Figura 1 – *Turma da Mônica*. Maurício de Sousa Produções Ltda. Disponível em: <http://www.monica.com.br/cook-page/cookpage.cgi?!pag=comics/tirinhas/tira333>. Acesso em: 14 mar. 2013.

emoldura a cena, o momento da ação); a *figura* (maneira como se representam as personagens, seus gestos, ações e expressões); a *elipse* (espaço "vazio" que garante a continuidade entre as vinhetas e que será preenchido pelo leitor que com a sua imaginação transformará quadrinhos separados em uma só ideia); o *balão* (espaço que tem por fim receber a fala do locutor, indicado por seta ou segmento); a *onomatopeia* (componente expressivo das ações e interações dos personagens, disposto junto aos balões); a *página* ou *prancha* (organizada de modo variado, com uma ou mais vinhetas, geralmente contendo nas HQs de duas a quatro tiras com dois a quatro quadrinhos cada); a *interação icônico-verbal* (realizada de três formas: *discurso verbal* no discurso das personagens

Figura 2 – Tirinha da *Turma da Mônica*. Maurício de Sousa Produções Ltda. Disponível em: <http://www.monica.com.br/cookpage/cookpage.cgi?!pag=comics/tirinhas/tira334>. Acesso em: 14 mar. 2013.

e do narrador; *fragmentos informativos* em tabuletas, páginas, cartazes etc.; e *elementos iconizados* em onomatopeias, estrelas, caveiras, formas geométricas e nas mudanças no formato de letras e balões); a *narrativa* (tem como unidade narrativa a vinheta onde são elaborados os enquadramentos, os planos, os focos, o cromatismo, similarmente à narrativa cinematográfica).

A tirinha, por sua vez, é um curto segmento de HQs, com cerca de três ou quatro quadrinhos no máximo, que conta com a presença dos mesmos recursos icônico-verbais das HQs. "Circula em jornais e revistas, numa só faixa horizontal de mais ou menos 14 cm x 4 cm, em geral, na seção 'Quadrinhos'" (Costa, 2008, p. 172).

Por uma ação reflexiva

Como questionamentos que favoreçam ações práticas fundamentadas no que até então apresentamos, perguntamos ao educador: Como tem contribuído para fazer da biblioteca escolar e dos espaços de leitura de sua escola locais que favoreçam leituras de imagens e leituras de mundo, em outras palavras, que favoreçam a leitura em seu sentido mais amplo? Em que proporção você tem aproveitado as tantas leituras de imagens e do mundo feitas pelos seus alunos nos diversos momentos do cotidiano escolar como potentes deflagradoras de práticas de letramento? Como a leitura de ilustrações tem permeado as práticas de letramento desenvolvidas na biblioteca escolar? Que valor você tem dado às HQs como importante material de leitura icônico-verbal e como relevante gênero para as práticas de letramento? De que modo você poderia agir pela construção coletiva de espaços de leitura alternativos e singulares em sua escola?

Proposta prática:
trabalhando com a imagem e o texto

Defendemos a biblioteca como espaço estético. A organização dos elementos imprescindíveis ao seu funcionamento deve estar aliada ao cuidado e ao zelo para tornar esse local um espaço agradável, considerando-o em suas funções educacionais. A presença de imagens das mais diversas (tomando-se o cuidado de não saturar de imagens o espaço) pode favorecer a constituição de um espaço singular com o perfil dos profissionais e alunos que nele atuam e circulam.

Reiteramos a relevância de espaços outros (que não apenas a biblioteca escolar) para a aplicação das atividades aqui propostas. Por tal razão tomamos como nossos interlocutores tanto os bibliotecários no desenvolvimento de práticas de letramento na biblioteca escolar como os professores dinamizadores e agentes de leitura das salas de leitura existentes nas escolas públicas municipais e estaduais de diversos municípios e Estados do Brasil. Grande parte desses projetos extrapola o espaço escolar ganhando relevância comunitária no desenvolvimento de riquíssimas ações e práticas de leitura e letramento.

Também sabemos que em grande parte das escolas do nosso imenso território nacional não há biblioteca escolar ou mesmo a disponibilidade de profissionais bibliotecários; nessas escolas podem ser criados espaços de leitura alternativos com tratamento estético simples, funcional e extremamente atraente. Poderíamos citar vários casos, no entanto, nos limitaremos aos riquíssimos exemplos verificáveis na matéria citada anteriormente, "O homem da mala azul" (Leite, 2012) na qual são apresentados modelos de espaços de leitura incomuns, elaborados coletivamente pelos próprios moradores, educadores e alunos a partir das intervenções de Maurício Leite nas escolas, como é o caso de uma Kombi aposentada que depois de pintada e reestruturada tornou-se espaço de leitura com estantes e um pequeno vão interno para as práticas de leitura, ou de um rancho feito com paredes de bambu e telhado de palha de buriti com um espaço para leitura e prateleiras internas onde são dispostos os livros. Isso sem falar dos milhares de espaços de leitura inaugurados magicamente por Maurício Leite a cada vez que abre e multiplica sua *Mala de Leitura* em savanas, pátios, selvas, calçadas, salas, auditórios, estradas, varandas, escolas de todo o mundo. O espaço de leitura e letramento, não necessariamente estabelecido em um lugar físico definido a partir de modelos prévios, deve se constituir, portanto, em um espaço estético, onde a arte e a beleza possam e queiram morar.

No que diz respeito ao trabalho do bibliotecário mesmo quando inexistente um lugar definido, o coautor Eduardo Valadares relata uma experiência vivida ao iniciar sua atuação em uma escola recém-criada da rede pública municipal. De início, a escola funcionava em um espaço considerado "alternativo". Uma parte das instalações contava com uma construção em alvenaria extremamente precária e outra parte com barracões de compensado cobertos por telhas de amianto. Considerando-se tais condições, não se havia pensado em lugar para abrigar a biblioteca escolar, ou seja, Eduardo era um bibliotecário sem biblioteca escolar e sem acervo de livros, periódicos ou multimeios, considerando tratar-se de uma escola nova que ainda não havia recebido nenhum acervo da Secretaria de Educação ou do PNBE. Contudo, compreendendo a importância

de, em meio às condições reais, desempenhar sua função educacional, o profissional empenhou-se eticamente na busca de alternativas para que, mesmo sem um lugar físico preestabelecido, pudesse reinventar espaços e criar possibilidades de desempenhar seu trabalho como bibliotecário naquela escola, esforçando-se no sentido de viabilizar aos alunos e professores espaços de leitura e de letramento informacional e literário.

Assim, o bibliotecário implantou junto à equipe pedagógica e de professores da escola os "horários de biblioteca" semanais com cada turma de 1ª a 4ª série (2º a 5º ano), ora nas salas de aula, ora no pátio sob a sombra de uma árvore, ora em uma praça que dava para os fundos da escola e que dava vista para a magnífica Baía de Vitória e a monumental pedra do Moxuara localizada em Cariacica, ora nas escadarias de uma igreja próxima, ou onde mais fosse possível realizar momentos de leitura e práticas de letramento com as crianças.

Nesses encontros semanais eram desenvolvidas atividades de apresentação e leitura de livros, pesquisas em enciclopédias, contações de histórias, jogos, brincadeiras e outras tantas práticas definidas em função do que estava sendo trabalhado pelos professores em sala de aula, portanto prezando-se por um trabalho colaborativo.

Nos outros horários disponíveis eram realizados trabalhos individualizados junto aos alunos que apresentavam dificuldade de aprendizagem ou dificuldade de leitura, ocasião em que era praticada a leitura compartilhada de livros escolhidos pelas próprias crianças dentre o pequenino acervo providenciado pelo profissional. Esse trabalho individualizado (que por destinar-se a alunos com dificuldades poderia ser visto com preconceito por parte dos alunos que teoricamente dele não precisavam) acabou se caracterizando como um dos momentos mais disputados, inclusive pelos que dele "não necessitavam".

No que tange ao aspecto estético, consideramos que, mesmo nas bibliotecas escolares com lugares físicos delimitados e estabelecidos, as imagens podem se alternar nas portas e nas laterais de móveis de cor fria, como nas estantes feitas geralmente na cor verde-oliva ou cinza. Ao prezar pela constituição estética da biblioteca escolar, a coautora Marcela Mendonça Amorim pôde vivenciar uma experiência de prática de leitura que relataremos neste capítulo antes de proporemos as ações práticas. Foi justamente ao convivermos com ela nas bibliotecas escolares por onde passou que percebemos que os espaços coordenados pela profissional ganhavam vida. Os objetos ganhavam nome, como o carrinho de repor livros, chamado "Severino quebra-galho". Armários de aço cinza recebiam figuras coloridas: recortes de revistas e encartes, desenhos de alunos e obras de ilustradores e artistas. Origamis e peças de artesanato também tinham lugar garantido. E ainda é assim na biblioteca escolar onde Marcela hoje atua.

Um dia, a bibliotecária estava com uma turma do 1º ano e, em meio ao movimento de crianças buscando fontes de informação para pesquisa e leitura, um menino se aproximou de uma das estantes com figuras. Uma imagem lhe houvera chamado a atenção. Era uma montagem fotográfica da capa de um encarte de divulgação da *Programação de Cursos 2003/2004: Região Centro-Oeste* da Editora Positivo, que apresentava metade do rosto de um menino e metade do rosto de um animal, um felino, de modo a se encaixarem perfeitamente (Figura 3). O aluno, aparentemente sem conseguir abstrair a montagem, talvez pensando tratar-se de uma coisa só, demonstrou certa aflição, e perguntou: "Por que o menino é assim?". Marcela explicou que a imagem era uma montagem, que na verdade era uma parte da cara de uma onça suçuarana e metade do rosto de um menino. Ele continuou curioso. Ela então apanhou uma folha branca e tapou metade da imagem, ficando aparente apenas o felino, depois tapou a outra e ficou aparente só o menino, mas quando tirou a folha a aflição do menino permaneceu. A educadora

Figura 3 – Recriação de cartaz para o Centro-Oeste, do Programa Educação para a Vida, do grupo Positivo, *2003/2004.*

optou por trazer à tona uma possível leitura da imagem, conversando com ele sobre a importância da natureza: "ela faz parte de nós humanos, assim como nós também fazemos parte dela, portanto devemos cuidar dela e protegê-la etc.".

Marcela aproveitou a curiosidade do menino (afinal a conversa estava "rendendo") e mostrou a ele outra figura da mesma série de encartes da Editora Positivo, desta vez presente na *Programação de Cursos 2003/2004: Região Nordeste*, que mostrava metade do rosto de uma moça e metade do rosto da *Monalisa* de Leonardo da Vinci (Figura 4). Depois falou um pouco sobre o quadro, que não era conhecido pelo garoto, e também sobre o autor da pintura. O menino mostrou-se curioso. Nesse momento, a educadora conduziu-o às estantes onde apanhou uma enciclopédia de arte para mostrar a *Monalisa*. O menino gostou muito de ver a mesma imagem do cartaz naquele livro e depois de folheá-lo perguntou se ela tinha outros livros com a *Monalisa*. A bibliotecária então apresentou outros livros que foram folheados e "lidos" com curiosidade e atenção por ele.

Essa situação reforça o conceito de que a presença de imagens na biblioteca escolar e na escola em geral pode, por meio de práticas adequadas de letramento, conduzir à leitura. A conversa começou com uma figura e terminou nos livros. Há livros para cada situação, há fontes de informação para os mais diversos assuntos. Enfim, basta provocar uma conversa sobre um tema e nela incluirmos o livro e a leitura. Repetindo oportunamente a fala de Maurício Leite (2012), "o segredo é dar o livro certo para a pessoa certa na hora certa e sair de

Figura 4 – Recriação de cartaz para a região Nordeste, do Programa Educação para a Vida, do grupo Positivo, 2003/2004.

perto". Para o felino e o menino da figura, vários periódicos e livros sobre animais, mamíferos, felinos poderiam ser apresentados. Para a *Monalisa* e a menina, enciclopédias, livros informativos, livros sobre arte poderiam ser mostrados como, por exemplo, *Histórias em quadrões com a Turma da Mônica* de Maurício de Sousa (Editora Globo), *Leonardo da Vinci*, de Tony Hart (Callis Editora) ou *Leonardo desde Vinci*, de Nilson Moulin e Rubens Matuck (Cortez Editora).

O trabalho com imagens também pode ser iniciado no trabalho com os livros. Podemos começar com leituras de livros sobre a história da arte que apresentem as obras de arte em seu contexto histórico em diálogo com temas infantis ou mesmo que lance mão de releituras que favoreçam a identificação das crianças com as informações em questão, como o faz com tamanha maestria Maurício de Sousa em suas *Histórias em quadrões*. Lançamos ainda a possibilidade de partirmos de livros informativos com biografias de artistas plásticos, trabalhando-se de modo similar ao que foi visto no capítulo anterior, ou seja, dialogando com outras fontes de informação, nesse caso imagéticas, presentes tanto em livros ou revistas impressas como também na internet. Em outras palavras, propomos um trabalho com livros informativos sobre arte de modo que se busque aliar sua leitura à busca e ao uso de outras tantas fontes de informação, contribuindo assim para o letramento informacional do aluno.

Outra atividade sugerida diz respeito à apresentação de livros sem texto com expressão gestual e corporal acompanhada de sonoplastia e de diálogos ou falas em uma língua fictícia, sem a emissão de palavras (como descrito anteriormente). A partir de oficinas e cursos de formação de contadores de histórias para professores e de oficinas de leitura para crianças dos primeiros anos do Ensino Fundamental, ministradas por anos seguidos pelo coautor Fabiano Moraes, selecionamos alguns livros sem texto para "contar" sem o uso de palavras, dentre eles: *Hora da Boia*, de Graça Lima; *Seca* e *Mestre Vitalino*, de André Neves; publicados pela Editora Paulinas, além dos quadrinhos sem texto *Bruxinha Zuzu* e *Bruxinha Zuzu e gato Miú*, de Eva Furnari pela Editora Moderna; dos títulos *Boca de Piranha, Olha a ariranha...* e *Uma graça!*, de Denise Rochael, e dos livros *A ovelha negra da Rita*, de Silvana de Menezes; *Pé de passarinho*, de Semíramis Paterno e *Totem*, de Márcia Széliga, pela Cortez Editora, dentre outros tantos belíssimos livros sem texto publicados no Brasil e no exterior.

Nessa proposta de narrar sem palavras é possível perceber o alcance da comunicação imagética. Ao contarmos um livro dessa maneira preservamos a relevância da ilustração neste tipo de livro além de favorecermos a criatividade por não impormos um texto pronto. Exemplificamos brevemente alguns dos pontos que poderiam ser destacados na apresentação de três desses livros.

O livro *Totem*, de Márcia Széliga, por exemplo, pode ser contado com as falas sem palavras do índio que tenta chegar à lua, com os sons emitidos pelos animais: do peixe pulando da água para a canoa; das mandíbulas do crocodilo ao subir para a canoa com a anta; do rugido da onça; do grito do macaco; do voo do tucano. Ao mesmo tempo pode-se representar com movimentos das mãos: o balão subindo; a trajetória do avião com seu ruído característico; e do foguete que alcança a lua. Até mesmo a luz que surge em meio à história pode ser representada por um som ou por gestos. Outro livro favorável a essa proposta de apresentação é *Mestre Vitalino*, de André Neves, que pode ser contado valorizando-se não apenas as expressividades das crianças, mas também os movimentos e sons inerentes aos elementos culturais e musicais (ritmos, cantos, danças, folguedos, emigrações) sugeridos pelas imagens e que, por meio da imaginação das crianças, dão vida à obra do ceramista pernambucano Mestre Vitalino. O livro *A ovelha negra de Rita*, de Silvana de Menezes, contempla não apenas movimentos e ações a figurarem em gestos e sons (brincadeiras, plantio da flor, saltos, feitio de tricô, abraço, ordenha, dentre outros), mas também sensações como a alegria, o carinho, o frio, a fome, a compaixão, a solidariedade, a saciedade que podem ser representados por expressões corporais, gestuais e faciais por parte de quem conta sem palavras.

Depois de apresentado o livro sem texto, o professor coordenará a criação coletiva de um texto narrativo sobre o mesmo, mediando negociações na escolha dentre os significados trazidos à tona a partir das diversas leituras da obra, tomando ainda o cuidado de mostrar que até mesmo a versão final do texto coletivo é apenas uma dentre as tantas possibilidades. Por fim, o livro sem texto será apresentado enquanto o texto coletivo é lido.

Com turmas mais adiantadas, dividíamos os alunos para que cada grupo criasse um texto coletivo a partir de um mesmo livro. O interessante era perceber o quanto algumas histórias difeririam entre si.

Para exemplificar essa proposta de trabalho, apresentamos a seguir o texto coletivo, produzido por crianças do 1º ano, sob a nossa orientação, a partir da apresentação do livro *Noite de Cão,* de Graça Lima:

Noite de cão

Era de noite e Pipoca estava dormindo.

Ele acordou ainda de noite e olhou a lua.

Pipoca então gritou:
– Lua, vem aqui!!
Mas a Lua não respondeu nada.

Ele ficou pensando numa forma de alcançar a Lua.

E depois teve a ideia de subir o morro, e tinha que subir bem alto para chegar até a Lua.

Com um pauzinho Pipoca tentou espetar e "pocar" a Lua. Mas ele caiu lá de cima.

Ele caiu no chão com tanta força que fez um buraco.

Pipoca ficou com raiva que pegou uma escada para estourar a Lua.

A Lua estourou e deu um barulho muito forte.

Pipoca ficou triste. Ele queria muito a Lua e foi procurar. Depois começou a chorar...

... e o seu choro formou um lago.
E no lago ele encontrou a Lua.

Soprou a lua

Fez curativo,
amarrou uma corda.

> *Ela estava triste e ele estava querendo agradar a Lua.*
> *Ela queria ir pro céu.*
>
> *Pipoca chutou a Lua e ela foi pro céu.*
> *A corda desamarrou e ele sentiu saudade da Lua.*
> *E uivou para ela.*
>
> (texto coletivo elaborado por alunos e alunas do 1º ano a partir do livro *Noite de Cão*, de Graça Lima)

Lançamos ainda, a possibilidade de despertar a atenção das crianças para a amplitude da concepção de leitura, abrangendo a leitura das imagens, das pessoas, das coisas, dos seres, do mundo. Nesse sentido, o poema "Aula de Leitura", de Ricardo Azevedo, presente no livro *Dezenove poemas desengonçados* (Azevedo, 1998a), é imensamente produtivo para se trabalhar o conceito de leitura em seu aspecto mais amplo como defende Alberto Manguel (1997) ao afirmar que a leitura de letras é apenas uma dentre tantas outras leituras como, por exemplo, a leitura de estrelas pelo astrônomo, da terra pelo arquiteto, de notações da coreografia pela dançarina e de sua dança pelo público, dentre outras tantas leituras por ele destacadas em meio às tantas possíveis.

O poema "Aula de Leitura" (Azevedo, 1998a) pode ser lido ao lado de outros poemas do autor presentes no livro *Dezenove poemas desengonçados*, ou mesmo escutado (e assistido) na voz do próprio autor no vídeo produzido pela *Revista Nova Escola*, disponível no canal *Nova Escola* do *Youtube*, e que pode ser acessado no endereço abaixo:

http://www.youtube.com/watch?v=2M_mDAcylBs

O primeiro verso apresenta-se como uma janela para a leitura do mundo: "A leitura é muito mais do que decifrar palavras" (Azevedo, 1998a). Em seguida, o autor lança mão de uma série de situações em que "lemos" a natureza, os fenômenos do mundo, as pessoas. Desde folhas no chão para ler a estação do ano até as estrelas e o som do coração.

Após a leitura do poema, abrimos um momento de conversa e de análise do poema perguntando com que versos se identificaram e que tipos de leitura já fizeram como as propostas no texto. Nas cidades litorâneas da Grande Vitória, por exemplo, onde trabalhamos e vivemos, é muito comum encontrarmos nas escolas filhos, parentes ou vizinhos de pescadores. A partir do verso em que se afirma que é possível ler "na onda solta no mar, se é hora de navegar" (Azevedo, 1998a) perguntamos aos alunos sobre as leituras que eles fazem do mar. Nesse momento, é comum vê-los prontamente expressar suas experiências prévias e retomar os discursos presentes em seu cotidiano, explicando as condições ideais para navegação e pescaria, o que enriquece em muito o processo de leitura do texto, de contextualização e de acréscimo de informações a partir de fontes comunitárias e locais.

O poema contém vários versos que podem ser aplicados às tantas leituras feitas pelos alunos em seu dia a dia: "Na cara do lutador, quando está sentindo dor [...] na casa de alguém o gosto do dono que tem [...] no pelo do cachorro se é melhor gritar socorro [...] e também na cor da fruta e no cheiro da comida" (Azevedo, 1998a). Depois da conversa e da análise podemos pedir aos alunos que ilustrem os versos do poema montando os desenhos em um livro artesanal.

Dentre as ações práticas, sugerimos ainda que seja reservado e garantido um bom tempo para que os alunos possam livremente escolher e ler quadrinhos. Para tanto, é fundamental que se viabilize o acesso às revistas de HQs e tirinhas, distribuindo-as em caixas que possam ser levadas para as mesas, favorecendo assim a escolha, a leitura e a troca de revistas.

As HQs e tirinhas favorecem o desenvolvimento da leitura icônico-verbal. É frequente verificamos entre os alunos em processo de alfabetização o quanto os recursos icônico-verbais presentes nesses gêneros do discurso favorecem o desenvolvimento de suas práticas de leitura.

A partir da leitura de HQs ou de tirinhas, sob a orientação dos educadores, poderão ser levantados, de tempos em tempos, os sentidos inferidos pelos alunos a partir de cada história ou tirinha: o que entenderam e o que não entenderam. No que diz respeito aos balões e textos presentes nas HQs, é importante que se chame a atenção dos alunos para que verifiquem: os formatos dos balões e as formas dos prolongamentos que indicam quem é o locutor do

pensamento ou da fala, distinguindo e caracterizando, junto às crianças, o *discurso verbal* das personagens e do narrador; os *fragmentos informativos* das placas, cartazes, anúncios presentes nos quadrinhos; e os *elementos iconizados* (perceptíveis nas alterações de formas das letras e dos balões, bem como na presença de símbolos nestes últimos). Com relação às *vinhetas* ou quadrinhos, o educador poderá sugerir que observem a média da quantidade de quadrinhos por página de HQs ou a quantidade de quadrinhos por tirinha. Também poderá atentar para a sequência de cenas exposta nesses quadrinhos. Nesse momento é fundamental que se observe não apenas as *figuras* representando ambiente, ações, expressões e gestos das personagens, mas também a *elipse*, espaço "vazio" que possibilita a construção da continuidade entre os quadrinhos (que será feita por cada leitor por meio de sua imaginação). O professor poderá perguntar às crianças: o que você acha que aconteceu entre estes dois quadrinhos? O caráter narrativo das HQs e tirinhas deverá ser observado como um todo a partir dos elementos acima indicados e também dos enquadramentos, dos ângulos de foco, dos planos de cena e dos jogos de cores, luzes e sombras dos quadrinhos.

Livros sugeridos para ações literárias

A ovelha negra da Rita
- Silvana de Menezes
- Cortez Editora

A melhor amiga da Rita é uma ovelha negra. Juntas, as duas aprontam poucas e boas. Seja inverno, verão, outono ou primavera, a Rita e a ovelha negra dividem suas alegrias e tristezas. Uma história sobre uma amizade de verdade.

Leonardo desde Vinci
- Nilson Moulin e Rubens Matuck
- Ilustrações: Rubens Matuck
- Cortez Editora

Propondo-se a desvendar os segredos de Da Vinci e a seduzir seus leitores nessa viagem, os autores nos envolvem em uma narrativa inovadora. O livro encanta por nos oferecer um passeio pela vida do pintor.

Histórias em quadrões com a Turma da Mônica – V. 1
• Mauricio de Sousa
• Editora Globo
Este livro é uma introdução à história da arte. As recriações são acompanhadas por reproduções dos originais que as inspiraram e de informações sobre os artistas (inclusive brasileiros) e sua produção.

Mestre Vitalino
• André Neves
• Editora Paulinas
Neste livro sem texto, a arte e a magia de Mestre Vitalino dinamizam o imaginário de três crianças nordestinas, que descobrem as riquezas e as alegrias de sua cultura.

Bruxinha Zuzu
• Eva Furnari
• Editora Moderna
A história da Bruxinha Zuzu é contada com desenhos e não com palavras. A personagem, um tanto atrapalhada, diz que não é dela a confusão aprontada nas histórias, mas de sua bendita varinha mágica.

Para além da biblioteca escolar: leituras de imagens, leituras de mundo

A partir das atividades já descritas, sugerimos sua expansão para espaços externos à biblioteca escolar.

Após a leitura e o trabalho com biografias de artistas plásticos, sugerimos visitas, previamente agendadas, a museus de arte, pinacotecas e espaços de exposição de obras de artistas e artesãos locais. Depois de retornarem da visita, os alunos formarão uma roda de conversa na biblioteca escolar para compartilhar relatos individuais do passeio. A partir desses relatos produzidos oralmente, as crianças serão convidadas a escrever relatos individuais ou coletivos (de acordo com o nível de desenvolvimento da turma) sob a orientação dos educadores que, sempre que possível, viabilizarão e coordenarão a busca e o uso de fontes de informação impressas e disponíveis na internet.

Outra possibilidade de atividade fora da biblioteca escolar é, partindo-se da leitura do poema "Aula de leitura", planejar passeios em espaços ambientais, históricos e culturais, propondo a leitura de imagens, ações, movimentos, fenômenos da natureza, bem como de sensações das próprias crianças diante de situações as mais diversas, como a apreciação de objetos que despertem a curiosidade e de obras de arte, ou a observação de comportamentos animais.

O passeio proposto a partir da leitura desse poema poderá se dar ainda sob a forma de visita a um profissional de uma dentre as mais distintas áreas de atuação. Ele então será convidado a descrever as diversas leituras de mundo que realiza no exercício de seu trabalho. Sugerimos, dentre tantos outros, os seguintes profissionais: pescadores, eletricistas, artistas plásticos, atletas, decoradores, mecânicos, meteorologistas, médicos, jardineiros, músicos. As diversas leituras provenientes do passeio ou da visita poderão ser posteriormente compartilhadas em uma roda de conversa feita na biblioteca escolar para, em seguida, serem materializadas em relatos coletivos ou individuais com concomitante pesquisa a fontes de informação complementares (sob a orientação do profissional educador), ilustrados tais relatos por imagens ou fotos feitas pelas próprias crianças.

Para conhecer mais

BENJAMIN, Walter. Livros infantis antigos e esquecidos. In: BENJAMIN, Walter. *Magia e técnica, arte e política*: ensaios sobre literatura e história da cultura. São Paulo: Brasiliense, 1994. p. 235-243.

CAMARGO, Luis. *Ilustração do livro infantil*. Belo Horizonte: Lê, 1995.

MANGUEL, Alberto. *Uma história da leitura*. Tradução: Pedro Maia Soares. São Paulo: Companhia das Letras, 1997.

SANTOS, Roberto Elísio dos; VERGUEIRO, Waldomiro. Histórias em quadrinhos no processo de aprendizado: da teoria à prática. *EccoS*. São Paulo, n. 27, p. 81-95, jan./abr. 2012.

ZILBERMAN, Regina. *Como e por que ler a literatura infantil brasileira*. Rio de Janeiro: Objetiva, 2005.

↘ **CAPÍTULO 4**

Ler e contar histórias: a voz e o livro

As narrativas ficcionais

> *A tradição dos estudos históricos ensina que a oposição entre contar e ler não se sustenta como prática de letramento. Assim como ouvir demanda atenção e falar pressupõe uma escuta, a leitura de um texto escrito não desqualifica a narração oral que porventura a anteceda. Há sempre uma reacomodação nos sistemas com a introdução de uma nova prática* (Yunes, 2012, p. 59).

Considerações sobre a leitura

A partir de reflexões e inquietações surgidas em práticas de leitura e de letramento informacional, desenvolvidas em bibliotecas escolares, perguntamo-nos, com frequência: em que medida a contação de histórias na biblioteca escolar institui práticas de letramento e contribui para os processos de alfabetização dos alunos dos primeiros anos do Ensino Fundamental?

Para iniciarmos um diálogo que busque problematizar essa questão, lançaremos mão de conceituações de reconhecidos autores que darão base às considerações posteriores.

No primeiro capítulo deste livro, tivemos a oportunidade de conceituar e traçar breves diferenciações entre os processos de alfabetização e de letramento, definindo leitura e escrita no que tange à dimensão individual do letramento e definindo as perspectivas liberal e revolucionária (crítica) no que diz respeito à dimensão social do letramento.

Dentro da perspectiva crítica no âmbito da dimensão social dos processos de letramento e alfabetização, Yunes e Pondé (1988, p. 34) afirmam:

A leitura, na nossa sociedade, é uma condição para dar voz ao cidadão, e, mais, é preciso prepará-lo para tornar-se sujeito no ato de ler, como preconiza Paulo Freire: o livro deve levar a uma leitura/interpretação da vida que ajude o indivíduo na transformação de si mesmo e do mundo.

As práticas de leitura e de escrita como condições para ampliar o alcance da voz do cidadão, para além de se constituírem como duas dentre as tantas práticas culturais presentes em nossa sociedade, favorecem a identificação do sujeito aprendente como protagonista, criador e recriador das tantas  outras práticas culturais por ele exercidas como leitor de palavras e leitor de mundo. É, portanto, por meio do aprendizado da leitura e da escrita, respalda-nos Freire (2008), que o sujeito percebe-se criticamente fazedor desse mundo de cultura e descobre

que tanto ele como o letrado têm um ímpeto de criação e recriação [...] que tanto é cultura o boneco de barro feito pelos artistas, seus irmãos do povo, como cultura também é a obra de um grande escultor, de um grande pintor, de um grande místico, ou de um pensador.
Que cultura é a poesia dos poetas letrados de seu País, como também a poesia de seu cancioneiro popular. Que cultura é toda a criação humana (Freire, 2008, p. 117).

Chartier (1996), por sua vez, afirma que a leitura como prática cultural é constituída social e historicamente por meio de sujeitos criadores (e recriadores, acrescentaríamos) de cultura, e como consequência, criadores (e recriadores) de linguagem.

Portanto, o ato de ler, como atividade cultural humana, refere-se "tanto a algo escrito quanto a outros tipos de expressão do fazer humano, caracterizando-se também como acontecimento histórico e estabelecendo uma relação igualmente histórica entre o leitor e o que é lido" (Martins, 1994, p. 30).

Em razão dos aspectos até então aqui dispostos, é extremamente necessário que se favoreça, nas práticas de letramento e de ensino-aprendizagem de escrita e leitura, o reconhecimento de tais práticas como atos culturais, políticos e democráticos, e, ainda, que se reconheça o exercício da cidadania como pré-requisito para o exercício da leitura.

No que tange ao reconhecimento e valorização das práticas de leitura como atos culturais, Perrotti (1990, p. 99) afirma que "o primeiro esforço estaria [...] na dessacralização, na superação de concepções salvacionistas do ato de ler e de sua promoção". No entanto, tal dessacralização não significa, ressalta o autor, "reduzi-la ao circuito estreito do consumo" (Perrotti, 1990, p. 100).

No que diz respeito à valorização da leitura como ato político e democrático, é Leahy-Dios (2000, p. 250) quem defende a necessidade de se promover o ato de leitura como um ato político e crítico para que nele a democracia cultural se faça presente, pois esta só será alcançada por meio "do acesso ao conhecimento e ao uso das diferentes teorias críticas, não como receitas sintéticas, mas como ferramentas válidas para fortalecer todos os envolvidos [...] permitindo o diálogo amplo" entre os diversos sujeitos protagonistas do ensino-aprendizagem.

Por fim, no que tange à relação entre o exercício da cidadania e o exercício da leitura, trazemos a afirmação de Comitti (2003, p. 152), para quem

> *não é a descoberta da leitura que conduz o indivíduo ao exercício da cidadania; mas é a descoberta da cidadania que conduz o indivíduo ao exercício ativo da leitura. E frisemos, o exercício ativo pressupõe não apenas a recepção crítica, mas a capacidade de se produzir novos textos a partir do primeiro.*

Da crise da leitura às práticas de letramento

Segundo Perrotti (1990), encontramo-nos em uma "crise da leitura". É necessário reconhecermos, de fato, que sob o ponto de vista histórico, a questão de acesso à leitura no nosso país tem por raiz as desiguais oportunidades de educação em voga desde o período colonial quando a alfabetização era direcionada de modo prioritário aos filhos das classes mais abastadas, sendo a leitura privilégio de poucos. Ademais, os herdeiros das classes políticas e economicamente dominantes eram mandados para concluir seus estudos na Europa, o que garantia a manutenção do *status quo*, perpetuando a presença das classes mais abastadas nos cargos políticos e econômicos de maior relevância.

Como consequência dessa desigualdade política, social e econômica histórica, ainda presente na estruturação das discrepantes oportunidades educacionais de nosso país, nos dias de hoje parte da população brasileira é desprovida de conhecimentos acerca da importância da leitura não apenas devido ao escasso e precário acesso aos livros e às outras tantas formas de leitura e de informação, mas também pela aplicação de práticas de leitura perpetuadas pela cultura escolar e pautadas em abordagens normativas descontextualizadas da realidade linguística dos alunos em detrimento de práticas efetivas de letramento como atos culturais, políticos e democráticos.

É importante ressaltarmos, como destacam Yunes e Pondé (1988, p. 58), que "a crise da leitura abarca hoje muitos letrados, incapazes de ler a própria realidade no mundo". Desse modo, não apenas a desigualdade de oportunidades educacionais é razão da crise ora presente, mas também a ausência de criticidade. Tal ausência, mesmo nos meios letrados, não é senão fruto do domínio hegemônico da perspectiva liberal e funcional de letramento. Daí a extrema relevância de práticas que favoreçam ao aluno a vivência de processos de alfabetização e de letramento críticos, que se deem por meio de práticas questionadoras e emancipadoras, de práticas da liberdade (Freire, 2008).

No que diz respeito à crise da leitura no âmbito da escola, ainda é comum que se busque, no lugar de alternativas de ação, apontar culpados. Com frequência o profissional lamenta a ausência de gosto pela leitura nos alunos ou sua dificuldade de interpretar um texto. O aluno, por sua vez, declara, não raramente, o quanto é tedioso "responder fichas de leitura e fazer resumos" (Maia, 2007, p. 16).

Nesse sentido, é fundamental que o professor e o bibliotecário busquem, em suas ações reflexivas, questionar atitudes consolidadas e perpetuadas tradicionalmente pela cultura escolar, colocando em prática perspectivas que favoreçam a abordagem da leitura na escola de maneira crítica. Dentre tais perspectivas, destacamos a necessidade de que se dê aos textos um tratamento didático heterogêneo em conformidade com a diversidade textual, de uso e de recepção dos diferentes gêneros textuais. Os alunos, portanto, "devem ter acesso garantido às diversas formas de construção, aos diversos papéis a eles propostos e/ou deles esperados" (Leahy-Dios, 2000, p. 246). Outra mudança imprescindível com relação às abordagens tradicionais diz respeito à superação do mito da interpretação única de modo que o professor devolva a palavra ao aluno e a aceite como constitutiva de suas próprias palavras, posto ser esta "uma exigência do próprio objeto de ensino" (Geraldi, 2009, p. 49-50). Por fim, destacamos a relevância de se fazer da leitura uma prática que cultive o desejo de ler, pois, como alertam Fonseca e Geraldi (2009), é urgente recuperar não apenas o prazer (por tantas vezes banido do ambiente escolar), mas também o prazer de ler para dentro da escola.

"O hábito de leitura se forma 'antes' mesmo do saber ler – é ouvindo histórias que se 'treina' a relação com o mundo; daí que contar, recontar, inventar, sem que se proíba de falar, leva inclusive ao gosto de encenar" (Yunes; Pondé, 1988, p. 60). É, portanto, de extrema relevância que se dê maior atenção às práticas de leitura e de contação de histórias nas práticas de letramento desenvolvidas junto aos alunos dos primeiros anos do Ensino Fundamental (e mesmo antes), tendo em vista a necessidade de neles buscarmos despertar precocemente o interesse pela leitura e pela literatura. Por essa razão, destaca Silva (1995), zelar por esses potenciais leitores é tarefa não apenas dos educadores profissionais, mas também das famílias, pois, como afirma Alves (2008, p. 103), *até mesmo os pré-leitores devem ser motivados a escolher um livro para, então, em casa, solicitar a leitura do livro escolhido aos responsáveis. Neste momento, a família é fundamental. A criança muitas vezes pede que se leia a mesma história várias vezes, ou seja, o pai, a mãe, o irmão podem neste momento fazer o papel de mediador entre o livro e a criança.*

Letramento literário: entre estética e crítica, prazer e conscientização

Considerando-se a biblioteca escolar como espaço prioritariamente público e popular, portanto aberto, nela deve-se prezar pelo exercício da criatividade, da imaginação e da sistematização, para que se oportunize "o desencadeamento da leitura crítico-reflexiva, do conhecimento de fontes de informação, através dos quais se processa a leitura diversificada" (Neves, 2004, p. 222).

Com o intuito de despertar no leitor o desejo de ler, seja ele iniciante ou não, Neves (2004, p. 223) propõe o uso e a aplicação de diversas estratégias na biblioteca escolar, dentre elas: "a leitura diária, realizada por ele e/ou para ele; a narração de histórias; o estímulo ao manuseio de obras ilustradas, sejam essas de ficção ou sobre determinado assunto".

Anteriormente tivemos a oportunidade de distinguir pormenorizadamente os textos informativos (não ficcionais) dos literários (ficcionais). É Campello (2009, p. 71) quem afirma, como citamos no segundo capítulo, que os programas de letramento informacional contemplam não apenas a leitura de textos informativos (não ficcionais) mas também os literários (ficcionais). No entanto, ao abordarmos neste capítulo as práticas de letramento com textos literários (letramento literário), consideramos pertinente destacarmos os aspectos singulares e específicos de tais obras e, consequentemente, das práticas de letramento literário.

Segundo Souza (2003), o objeto da teoria da literatura não é a literatura ou o conjunto de obras literárias, mas sim a literalidade ou aquilo que torna determinada obra uma obra literária (Jakobson *apud* Eichenbaum, 1971, p. 8). Em outras palavras, a literalidade, que distingue uma obra literária de uma não literária, corresponde às propriedades específicas que permitem que tais obras sejam diferenciadas de outras composições escritas, propriedades estas que viabilizam não apenas elaborações especiais da linguagem, mas também a constituição de universos ficcionais e imaginários.

O letramento literário com livros destinados a crianças deve ser promovido levando-se em consideração a relevância de se atentar para as propriedades específicas do texto literário, e, ainda mais, aspectos inerentes (ainda mais especificamente) à literatura infantil. As práticas de leitura literária inerentes a esse gênero devem ser realizadas reconhecidamente como atos culturais, políticos e democráticos. Ademais, tais práticas devem ser promovidas na escola de modo que se "permita que a leitura literária seja exercida sem o abandono do prazer, mas com o compromisso que todo saber exige" (Cosson, 2012, p. 23).

Nesse ponto, é fundamental que atentemos para as práticas literárias tradicionais perpetuadas pela cultura escolar para que possamos não apenas dar lugar a práticas efetivamente críticas e contextualizadas, mas principalmente aplicá-las por meio de ações reflexivas. As práticas literárias tradicionais, alerta Zilberman (1988), eram vistas como ponto de partida para atividades outras, pautando-se na visão da leitura como meio de: transmitir a norma culta; conservar e defender o padrão elevado da língua da qual a literatura é guardiã; inculcar valores, incutir bom gosto, levar a assumir cidadania; adquirir conhecimentos e obter êxito e vantagens pessoais; transmitir o patrimônio da literatura brasileira. Aplicava-se ainda, como metodologia predominante, a resposta a questionários de interpretação única como mera reprodução.

Uma abordagem (que se contraponha a esta "tradicional" que vem sendo criticada há algumas décadas, mas que ainda se faz presente em nossas escolas) é não apenas necessária, mas urgente, afirma Leahy-Dios (2000, p. 136), ao sugerir que repensemos a ruptura entre a literatura e o jovem, deflagrada com a ampla propagação dos canais de comunicação no dia a dia das crianças e jovens, sejam eles as HQs, a TV, o cinema e a música (acrescentaríamos: a internet, os *games*). Como procedimentos práticos a autora propõe que se favoreça, na escola, a constituição de relações dialógicas em torno da literatura (no que diz respeito a seus aspectos teóricos e práticos) para que assim se favoreça a participação crítica e ativa dos alunos na sociedade, a construção de sujeitos mais competentes para comunidades democráticas, e se problematizem as relações de poder presentes na literatura e na vida social. Leahy-Dios (2000, p. 273-279) atenta ainda para a necessidade de que sejam destacados, na prática com o texto literário na sala de aula, três pontos relevantes: a apropriação de ferramentas críticas para fortalecer o leitor, a democratização das aulas de literatura e o reconhecimento do poder político-pedagógico da literatura.

O texto literário, ao constituir-se em uma metáfora social (Leahy-Dios, 2000), em uma imagem simbólica do mundo, recusando a linearidade e indicando contradições, evidenciando complexidades, despertando para as múltiplas visões e os vazios do discurso cotidiano, deflagra "a condição de criador no leitor" (Yunes; Pondé, 1988, p. 61), convidando-o a expressar-se como sujeito histórico e potencialmente insubmisso às manipulações que diluem o gosto, a escolha e o prazer. Um sujeito que recria e reinventa o texto por meio da leitura como itinerância andarilha, nomadismo criativo, procedimento de caça (Certeau, 2009). "A literatura, permitindo extrapolar os limites de leitura [...] para a leitura de "invenção", expressiva, proporciona o desvelamento do mundo, a revelação do próprio sujeito e garante o prazer de ler" (Yunes; Pondé, 1988, p. 62).

Em suma, sintetiza Coelho (2003, p. 29), "para além do prazer/emoção estéticos, a literatura contemporânea visa alertar ou transformar a consciência crítica de seu leitor/receptor".

Sim. Contar histórias conduz à leitura

Yunes (2012, p. 61) alerta-nos para o fato de que,

> *por ignorar tanto a história da literatura em suas fontes quanto os estudos contemporâneos de história oral, mas, sobretudo contrariando as mais contundentes experiências sobre a iniciação e o fomento da escrita, há os que vêm ingenuamente propondo que não se conte senão diante de um livro aberto para que não ocorra a desvalorização do objeto-suporte da almejada alfabetização. Mais que isto, a contação tem sido apontada como um retrocesso, um atraso capaz de estimular a*

preguiça e manter na bem-aventurada comodidade os que mais necessitam esgrimir as letras.

Segundo a autora, o aprendizado da escrita ou da leitura "é uma questão de entendimento, de construção de sentido, que se sobrepõe à decifração mecânica do código" (Yunes, 2012, p. 61). Para que se almeje a democracia de acesso ao livro é necessário muito mais do que garantir preços baixos (o que também é urgente), é preciso permitir ao potencial leitor acesso à linguagem não por meio de adaptações, reduções e facilitações do texto, mas tornando-o legível pela audição, daí a importância do contador de histórias, pois o gosto pela leitura não tem como caminho a obrigatoriedade ou contato físico com a obra, mas sim a afetividade de um contato prazeroso da leitura com os ouvidos, com os olhos, com a voz. "Assim as narrativas sobreviveram para serem escritas. E recontadas" (Yunes, 2012, p. 65).

Além do aspecto afetivo e prazeroso da narração destacado por Yunes (2012), é fácil constatarmos que tanto ao lermos um livro como ao ouvirmos alguém o contando, dá-se o processo de construção de "imagens mentais a partir da palavra, escrita num caso, ouvida no outro. Este é o exercício" (Bello, 2004, p. 159). Leitura e contação de histórias relacionam-se, portanto, por ambas as práticas deflagrarem imagens, promoverem a imaginação. A escuta de histórias, defende Bello (2004, p. 159), "pode tornar-se um encaminhamento para a construção da leitura". Yunes acrescenta que o discurso oral impacta a construção do sentido mesmo quando fazemos uma leitura silenciosa. Isso ocorre em razão de tal leitura implicar em dado nível de fonação, perceptível em sutis vibrações das cordas vocais, como comprovado pelos laboratórios de fonética. "O olho, portanto, impulsa a voz, que reconstitui um olhar imaginário que se aplica sobre o ouvido" (Yunes, 2012, p. 72). Daí a referência à "imagem acústica" (e não "imagem visual") correspondente ao significante, como um dos elementos, ao lado do "conceito" correspondente ao significado, na composição do signo linguístico de Saussure (2004), que destaca em seu *Curso de linguística geral* o caráter psíquico dessas imagens acústicas que se fazem presentes mesmo quando recitamos mentalmente um poema, ou fazemos uma leitura silenciosa.

Como podemos observar, a construção do leitor não se efetiva unicamente no contato com os livros, mas se dá de modo complexo por meio de identificações e gestos, audições e afetos, em meio às práticas escolares e extraescolares, "histórias contadas e pessoas que dão pertinência à leitura, uma vez que a têm como valor e prática do cotidiano, em horizontes em que *liberdade, escolha e opção iluminam o trajeto*". (Dauster, 2003, p. 110, grifos da autora).

É importante ler livros para as crianças sim, mas também contá-los. Uma prática não exclui a outra, muito pelo contrário, ambas complementam-se. Bandini (2012), ao relatar sua atuação por anos a fio no Sistema Municipal de Bibliotecas da Cidade de São Paulo, registra experiências de sucesso na promoção da leitura tanto por meio das práticas de leitura em voz alta promovidas nas Bibliotecas Públicas de São Paulo, como também, e principalmente, nas contações de histórias realizadas por contadores de histórias contratados para atuar nas bibliotecas, o que desembocou na criação do Festival *A Arte de Contar Histórias*, que alcançou sua 8ª edição no ano de 2012. A importância da contação de histórias para a leitura pode ser constatada, dentre outras passagens de seu artigo, na observação de que muitas das pessoas presentes no Festival de 2009 fizeram "uma relação bibliográfica a partir das histórias que ouviram" (Bandini, 2012, p. 93). Mas não apenas em observações pontuais a importância da arte de contar histórias para as práticas de leitura foi verificada. Tendo como um de seus objetivos ao contar histórias o de promover o acervo da biblioteca, Alice teve a oportunidade de observar, ao permanecer por vários anos seguidos em uma mesma biblioteca, o regresso de antigos usuários que, depois de crescidos retornavam ao espaço de leitura com seus filhos e curiosamente pediam que lhes fossem contadas as mesmas histórias que outrora haviam escutado além de as buscarem nos livros.

Yunes (2012), ao relatar o início do Programa Nacional de Incentivo à Leitura (Proler) em meio à busca por desenvolver políticas de leitura a partir de práticas fundamentadas e respaldadas teoricamente, afirma que não estando ainda em voga a visão de letramento hoje corrente (como uma "alfabetização" cultural que abarca múltiplas linguagens), "uma das questões fundamentais era como sensibilizar pessoas, grupos e instituições para se envolverem com o programa de leitura" (Yunes, 2012, p. 66). A leitura, atrelada então à alfabetização e à escola, precisaria ser conduzida para o lado externo dos muros da escola. E foi na revisão das memórias pessoais que se deu a constatação de que *ouvir histórias* (não apenas na infância) havia sido (e ainda era) algo prazeroso. Desse modo a contação de histórias passou a integrar os encontros, os simpósios, as jornadas, os eventos e os congressos do Proler.

Em defesa da biblioteca escolar e dos espaços de leitura

Por diversas razões apresentadas nas seções que fundamentam e respaldam teoricamente este livro e ainda em razão de nossas experiências junto a bibliotecas e espaços de leitura em práticas de letramento informacional e literário e de contação de histórias, defendemos a biblioteca escolar e os espaços de leitura:

como espaço público dentro da escola em que se possam realizar práticas de letramento que favoreçam o aprendizado da leitura dos textos e do mundo; como espaço popular em que os diversos saberes tenham lugar e as várias vozes tenham vez, em que ler, contar, escutar, criar histórias, sejam práticas corriqueiras e prazerosas; como espaço que favoreça o exercício do letramento informacional em meio às redes que interligam as informações sistematizadas da biblioteca e as informações disponíveis nos espaços urbanos e na internet; como espaço que favoreça o exercício do letramento literário, da cooperação e da criatividade, onde tenham lugar a leitura em voz alta e a paráfrase das histórias contadas com o intuito de favorecer a atribuição de sentido e despertar o desejo pela leitura; enfim, como espaço profissional em que o Bibliotecário Educador e o Professor Dinamizador ou Agente de Leitura de Salas de Leitura sejam valorizados e reconhecidos em sua função educacional.

Por uma ação reflexiva

Como reflexões acerca das práticas escolares, lançamos ao bibliotecário ou professor as seguintes questões: Nas práticas de letramento com narrativas ficcionais, em que sentido você tem prezado por evidenciar sua relevância como ato cultural, político e democrático? Com que frequência você tem buscado conhecer novos livros e desse modo atualizar seu repertório de leitura e contação de histórias, sem manter indefinidamente o mesmo repertório de livros e histórias de anos atrás? Em que proporção você tem valorizado no espaço da biblioteca escolar as práticas de leitura em voz alta e de contação de histórias? Que tempo e espaço têm sido abertos para permitir a expressão dos alunos para que eles contem, com suas próprias palavras, narrativas ficcionais lidas?

Proposta prática: trabalhando com narrativas ficcionais

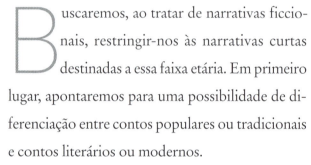

Buscaremos, ao tratar de narrativas ficcionais, restringir-nos às narrativas curtas destinadas a essa faixa etária. Em primeiro lugar, apontaremos para uma possibilidade de diferenciação entre contos populares ou tradicionais e contos literários ou modernos.

Os contos populares ou tradicionais são narrativas herdadas de mitos, ritos e crenças, geralmente curtos, com reduzida quantidade de personagens e com ação concentrada. É frequente apresentarem localização temporal e espacial indefinida ("há muito tempo", "em um reinado distante" etc.) bem como personagens anônimas ou prototípicas (rei, rainha, príncipe, princesa, bruxa, mago, padre, camponesa, moleiro etc.).

Os contos literários, por sua vez, são textos predominantemente narrativos que possuem: "configuração material pouco extensa, historicamente verificável" (Costa, 2008, p. 67); número reduzido de personagens ou tipos; esquema temporal e ambiental econômico ou restrito; quantidade reduzida de ações e eventos (sem apresentar intrigas secundárias como os romances e novelas); e "unidade técnica e de tom (fracção dramática, sedutora, em que tempo, espaço e personagem se fundem, muitas vezes) que o romance não mantém" (Costa, 2008, p. 67). Sua curta extensão e síntese relacionam-se à sua origem sociocultural e aos seus aspectos pragmáticos, posto terem nascido dos contos e casos populares. "Socioculturalmente, portanto, o conto literário tem sua origem na cultura oral, enquanto o romance é regido pela cultura da escrita/leitura" (Costa, 2008, p. 67); no entanto, mediante alterações observadas em outros aspectos do gênero, destacam Ferraz e Carmelino (2012, p. 102), "a construção composicional do conto sofreu historicamente alterações relevantes, em especial, na passagem do 'modo tradicional' ao 'modo moderno' de narrar". Segundo Gotlib (1985) e Moisés (1994), enquanto no "modo tradicional" do conto sua estrutura é linear, sendo possível delinear seu início, identificar em seu desenvolvimento a ação e o conflito e perceber o desfecho ocluso no clímax e na resolução final, no "modo moderno" percebe-se uma ruptura nessa linearidade.

De aspecto concentrado, o conto literário é como um instantâneo representativo da vida das personagens, fruto de um trabalho rigoroso de seleção, harmonização dos elementos elencados e ênfase no que se considera mais importante (Soares, 2002).

Na literatura infantil encontramos um sem-número de contos tradicionais recontados e (sub)vertidos, que poderíamos exemplificar brevemente nos recontos presentes no livro *Histórias de quem conta histórias,* organizados por Lenice Gomes e Fabiano Moraes pela Cortez Editora, e na (sub)versão de Chapeuzinho Vermelho proposta por Chico Buarque em *Chapeuzinho Amarelo,* da José Olympio Editora. Os contos literários se fazem presentes por sua vez em adaptações que tomam por base contos escritos por outros autores, como no livro *As três perguntas,* de Jon J. Muth, pela Editora Martins Fontes, adaptado de um conto literário do escritor russo Leon Tolstói; e em criações "originais" que não tomam por base nenhuma outra obra precedente como, por exemplo, *O menino maluquinho,* de Ziraldo, pela Editora Melhoramentos.

Neste capítulo, prezaremos por trabalhar com narrativas ficcionais literárias que configurem como criações "originais" e que favoreçam não apenas o trabalho com os elementos linguísticos que tornam específico o discurso literário, mas também a valorização da literatura como metáfora social e de sua leitura como ato cultural, político e democrático.

No que diz respeito à leitura e à narração, distinguimos a leitura em voz alta do ato de contar histórias principalmente no que tange ao foco de atenção no momento da emissão vocal que envolve ambas as práticas. Na leitura em voz alta é preciso estar com os olhos atentos às palavras impressas do texto escrito (a leitura pode ser dramatizada ou não). Na contação de histórias, por outro lado, é possível ter os olhos voltados ao público, portanto o canal do olhar como elemento comunicativo fica inteiramente livre para que se amplie o processo interativo. Contar histórias envolve a comunicação por meio da voz e do olhar (e, é claro, da expressão gestual, facial, corporal, dentre outros recursos).

A leitura em voz alta por nós abordada consiste na leitura dramatizada ou expressiva com uso de recursos tais como entonação, criação de vozes, variação de intensidade e ritmo, ênfase em determinadas palavras ou trechos. Sua prática é de extrema importância por favorecer aos alunos o contato direto com o texto escrito por meio da escuta de sua leitura, promovendo desse modo o desenvolvimento de habilidades linguísticas concernentes à modalidade escrita e ao gênero lido em questão.

Narrar contos, contar histórias, narrar histórias, contar contos são expressões que podem ser vistas como equivalentes. Dentre os modos de narrar há os que se aproximam mais, ou menos, do teatro em vários aspectos concernentes a esta arte, como na representação, no uso de recursos cênicos, nas demais técnicas teatrais, sejam elas de expressão corporal, gestual, vocal, de memorização, de improvisação. Também se distinguem os modos de narrar de acordo com a maior ou menor fidelidade ao texto escrito. Há os que contam o conto "'ao pé da letra', ou *ipsis litteris* (termo latino que pode ser traduzido como: pelas mesmas letras)" (Moraes, 2012, p. 27) e os que fazem *adaptações livres* a partir do

conto lido, memorizando seu enredo e parafraseando-o na hora de contar. Entre esses dois modos de contar distinguimos ainda outra modalidade que poderíamos chamar de *adaptação fixa* que consiste na realização de uma adaptação escrita do texto original seguida da narração *ipsis litteris* dessa adaptação.

Consideramos a importância de se apresentar o texto lido ou *ipsis litteris* ao aluno (lido ou contado) para que ele tenha a oportunidade de entrar em contato com sua modalidade escrita por meio da audição de sua leitura; no entanto, defendemos a criação de *adaptações livres* levando em consideração a importância de se parafrasear o texto de acordo com a fala cotidiana dos alunos.

Embora haja uma resistência a esse modo de contar, sobretudo quando se trata de contos literários, consideramos que a *adaptação livre* em grande parte das vezes favorecerá ao aluno a produção de sentido, como defendido por Terzi (1995). Desse modo, atribuindo sentido ao texto, a leitura poderá ser feita pelo aluno de modo que ele perceba que a contação de histórias não é senão uma paráfrase, outro modo de dizer. A compreensão da paráfrase como outra maneira de dizer um texto também favorecerá não apenas aos alunos de meios iletrados mas aos provenientes de meios letrados, ao entendimento de que a criação escrita (feita em primeiro momento com a presença de marcas da oralidade) poderá ser parafraseada pelo próprio aluno para que aos poucos se adéque ao que dele é esperado na elaboração escrita de resumos, relatos ou contos, dentre outros gêneros textuais na modalidade escrita.

As *adaptações livres* são feitas diariamente no ambiente escolar por educadores e alunos ao narrarem, com suas próprias palavras, textos por eles lidos ou escutados com o objetivo não apenas de estimular a leitura, como é o caso de livros e textos escritos, mas também de compartilhar textos de filmes, livros, jornais, contos orais. No entanto, quando se trata de parafrasear uma narrativa ficcional literária é importante que se respeite o enredo da história. Também é fundamental que se faça referência não apenas à obra de origem, mas também ao fato de que o texto contado é uma *adaptação livre* ou uma paráfrase do texto escrito tomado por base, de que o texto contado e o texto escrito (de origem) são textos diferentes. O texto contado é uma história sobre o escrito, mas não é o escrito. A contadora de histórias e professora Regina Machado, em entrevista à *Veja*, esclarece esse ponto ao descrever a apresentação de uma paráfrase oral por ela elaborada sobre a obra O *espelho,* de Machado de Assis: "[...] eu contei não o conto, exatamente como é, mas eu disse: Olhem, vou contar para vocês uma história, depois vocês vão ler o autor porque lá [no livro] vocês vão conhecer O *espelho* de Machado de Assis. Agora vocês vão conhecer uma história daquele conto" (Machado, 2010).

As mesmas técnicas de construção de paráfrases presentes na perspectiva de narração como *adaptação livre* proposta por Moraes (2012) poderão ser utilizadas tanto nas atividades aqui propostas, que envolvem a criação de paráfrases de textos pelo educador com o intuito de favorecer a produção de sentido por parte do aluno (presentes nesta seção), como nas que sugerem a narração oral do conto pelo aluno utilizando suas próprias palavras (em seção posterior).

As sugestões de trabalho a seguir apresentadas contemplam tanto a leitura em voz alta como a contação de "narrativas ficcionais recentes". Optamos por propor a leitura e a narração com o intuito de proporcionar o contato direto do aluno com a modalidade escrita (leitura em voz alta) e de favorecer a produção de sentido do texto narrativo em sua totalidade por meio da *adaptação livre* ou da paráfrase da história. Por outro lado, escolhemos lançamentos recentes para que o bibliotecário ou professor atente para a importância da pesquisa e da busca por títulos novos como uma constante nas práticas de leitura e de letramento por ele promovidas.

Como primeira atividade, com a intenção de explorar os elementos linguísticos que favorecem o uso criativo e literário da palavra, propomos a leitura e a contação do livro *A grande fábrica de palavras*, de Agnès de Lestrade, publicado pela Editora Aletria. A história se passa em um país onde as palavras, para serem usadas, precisam ser compradas, algumas por preços exorbitantes. A valorização das palavras e a beleza de seu uso criativo e poético podem ser evidenciadas aos alunos em meio à criação poética, à beleza do silêncio e à riqueza das palavras precisas do conto.

Em seguida, será mostrada a imagem de um leão (a mesma atividade poderá ser feita a partir da imagem de um pássaro, uma árvore, ou qualquer outro animal ou objeto), e será solicitado aos alunos que escrevam um texto descritivo sobre o animal onde eles buscarão mostrar o que sabem sobre o felino. No entanto, como algumas palavras foram confiscadas (tomadas de volta pela grande fábrica de palavras) e não poderão ser escritas a não ser que se pague por elas um preço altíssimo que nenhum de nós poderia pagar, os textos deverão ser escritos sem o uso dessas palavras que serão substituídas por outras que tenham o mesmo significado, significado próximo ou que tomem de empréstimo o sentido a elas atribuído.

As palavras que não poderão ser escritas são: leão, juba, unhas, dentes, patas, rugido, bravo (o professor ou bibliotecário poderá optar por suprimir ou acrescentar palavras à lista, de acordo com a turma). Nesse momento o educador buscará orientar os alunos no processo de produção de texto escrito (também fazendo uso do dicionário), tomando o cuidado de relacionar na lousa as palavras que não poderão ser escritas, seguidas de seus sinônimos (e mesmo metáforas e metonímias) para que em sua criação as crianças possam aprimorar-se no processo de produção de textos escritos (outros termos e palavras criativos poderão ser incluídos pelo professor e pelos alunos no decorrer da atividade):

- *Leão:* felino; animal selvagem; fera; mamífero; rei da selva.
- *Juba:* cabeleira; coroa.
- *Unhas:* garras; espadas; lâminas.
- *Dentes:* presas; sabres.
- *Patas:* pés; mãos.
- *Rugido:* trovão; urro.
- *Bravo:* feroz; corajoso; valente.

Por exemplo, a frase descritiva "O leão tem cinco unhas em cada pata" poderia ser escrita assim: "O felino tem cinco lâminas em cada mão".

Apenas a título de ilustração (para que o professor ou bibliotecário perceba a gama de recursos que a limitação no uso de palavras nos traz) citamos um texto produzido a partir desse mesmo exercício proposto para jovens e adultos, no curso de formação de contadores de histórias, em que se sugeria a descrição de uma árvore sem o uso das palavras: árvore, folha, galho, raiz, flor, verde:

> *Eu vi um enorme ser de uma perna só, talvez fosse parente do saci, um ser tão grande que mantinha o seu pé sempre enterrado no chão e os seus dedos espichados para segurarem bem firme na terra. Mas se esse ser tinha apenas uma perna e um pé, por outro lado ele tinha tantos braços e tantos dedos que nem dava para contar. E ficava sempre com os braços para cima escondidos em sua enorme cabeleira, nem azul nem amarela, adornada com fivelas coloridas. E, mantendo seu rosto sempre escondido no meio dos seus cabelos, esse ser fingia não se mexer* (Moraes, 2012, p. 88-89).

A outra atividade por nós sugerida, a partir do livro *O Vestido Florido nos Olhos de Aparecido,* de Jonas Ribeiro (Cortez Editora), favorece o exercício da leitura como ato cultural, político e democrático, como defendemos anteriormente. O livro trata da descoberta do amor por um casal de idosos, Aparecido e Aurora, e da reação das pessoas que acham estranho que pessoas idosas se apaixonem.

Após a leitura do livro e de sua contação, o bibliotecário ou professor poderá lançar as seguintes questões: existe limite de idade para amar? As pessoas de cabelos brancos podem namorar? Será que os sentimentos se esfriam com a idade? Os comentários das crianças em alguns casos remeterão a experiências prévias reais ou ficcionais (novelas, livros, filmes). O debate deve ser orientado eticamente pelo educador que trará à tona, sempre que necessário, a importância de respeito aos idosos e o fato de que chegaremos um dia a essa faixa etária. Em seguida, será momento de refletir sobre o quanto desejamos que nossos sentimentos sejam respeitados quando formos idosos, ou seja, lutar pelos direitos dos idosos é lutar para um futuro melhor para todos nós. Portanto, considerarmos essa proposta de letramento literário como ato cultural, político e democrático que viabiliza reflexões e promove mudança de mentalidades e de atitudes com relação ao respeito aos idosos e aos seus direitos.

Por fim, serão elaboradas cartas destinadas a Aparecido e/ou Aurora, escritas pelas crianças (individual ou coletivamente) em que seja defendido o direito que eles têm de viver o amor que sentem um pelo outro e de serem respeitados em seus sentimentos.

Contar histórias e ler em voz alta para os alunos é uma atividade prazerosa tanto para quem ouve como para quem lê. Contar e ler a história com expressividade e entonação, apresentando ou folheando o livro contado ou lido desperta com frequência o interesse nos alunos por ver, folhear e ler o livro apresentado. É comum, ao acabarmos de contar ou ler um livro, que alguns alunos peçam para manuseá-lo e que o leiam.

Nas oficinas de leitura realizadas junto aos primeiros anos do Ensino Fundamental tivemos a oportunidade de vivenciar uma experiência interessante junto a uma turma de 3º ano. A cada história contada ou lida em voz alta, uma das alunas pedia o livro apresentado e o lia no tempo restante de permanência na biblioteca. Em alguns casos, ela tomava o livro por empréstimo. Um dia, durante o intervalo do recreio, ela foi até a biblioteca onde ainda estávamos depois de encerrada uma das oficinas e nos perguntou: "como vocês escolhem os livros que vão contar? É que vocês escolhem os livros mais legais. Eu fico esperando vocês contarem para ler o que vocês contam que são sempre os melhores". Dissemos que escolhíamos aqueles que achávamos que ficariam legais sendo contados por nós, mas que havia muitos outros ótimos livros que talvez ela nunca nos ouvisse contando, mas que com certeza iria adorar ler. Ela perguntou: "tem histórias que não dá para contar?". Dissemos que alguns livros com muitos diálogos e poucos trechos narrados talvez ficassem mais interessantes sendo representados teatralmente do que sendo contados, e que outros não faziam sentido sem sua ilustração. Ela pediu para mostrarmos a ela livros de que gostávamos, mas que não tínhamos separado para contar para a turma. Então, fomos com ela até as estantes e depois de fazermos uma busca, pegamos uns cinco livros de que muito gostávamos, mas que nunca havíamos contado. Ela levou para a mesa e começou a ler. Como não teve tempo de ler todos, ela apanhou dois de empréstimo e pediu à bibliotecária que deixasse os outros separados até a manhã seguinte. Na semana subsequente, ela pediu que indicássemos outros e nos perguntou como escolhíamos um livro desconhecido para ler. Dissemos que às vezes pela capa ou pelo nome, pela ilustração ou pelo tema, mas que todos os que tínhamos indicado para ela já havíamos lido. "Vocês leram todos os livros da biblioteca?" – perguntou. Falamos que não, mas que tínhamos uma lista com os livros de que mais gostávamos, e que quando líamos, registrávamos título, nome de autor, ilustrador e editora em uma tabela classificando o texto e a ilustração com estrelas (até cinco estrelas):

A cidade dos carregadores de pedras	Texto	Ilustrações
Autora: Sandra Branco Ilustrações: Elma *Cortez Editora*	☆☆☆☆☆	☆☆☆☆☆

Ela pediu para mostrarmos como isso era feito, então esboçamos um exemplo em uma folha de caderno, e ela garantiu que faria o mesmo. Na semana seguinte, nos mostrou sua lista com alguns títulos que cresceu mais e mais até o fim do ano. O mais curioso e gratificante foi que por duas ou três vezes naquele ano ela nos surpreendeu indicando-nos boas obras que ainda não tínhamos lido. E com orgulho nos disse: "Podem ler. Esse livro é muito bom. Vocês vão gostar!"

Livros sugeridos para ações literárias

O Vestido Florido nos Olhos de Aparecido
- Jonas Ribeiro
- Ilustrações: Marco Antonio Godoy
- Cortez Editora

Aparecido e Aurora são dois idosos muito felizes. Mais felizes ainda quando descobrem o amor. No entanto, muitos acham estranho que pessoas com cabelos brancos se apaixonem, por isso começam a falar deles.

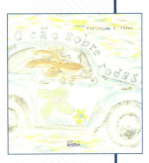

O cão sobre rodas
- Fernando A. Pires
- Ilustrações: Fernando A. Pires
- Cortez Editora

O livro conta a história da amizade entre um homem e um cachorro: dois amigos que agradecem diariamente esse presente que é a vida apesar das dificuldades de saúde que o cãozinho sofre.

A grande fábrica de palavras
- Agnès de Lestrade
- Ilustrações: Valéria Docampo
- Editora Aletria

A história se passa em um país onde as palavras precisavam ser compradas para serem ditas, algumas delas por alto preço. O livro trata da importância de valorizar o uso criativo das palavras.

Ouvindo as conchas do mar
- Luciano Pontes
- Ilustrações: André Neves
- Editora Paulinas

A vida daquele pescador era o mar, e a vida de seu filho era esperar pela volta do pai. Até que um dia o menino também foi para o mar, como seu pai, atraído pelo canto da sereia.

O perfume do mar
- Jonas Ribeiro
- Ilustrações: Mateus Rios
- Editora Elementar

Para Toninho, o mar exala o perfume de todas as pessoas livres e felizes. A narrativa desse livro, que tem o perfume e o tamanho do mar, é dividida em três partes: "Olhar de filho", "Olhar de mãe", "Olhar de pai".

Para além da biblioteca escolar:
o aluno é o narrador

Ao apontar para os critérios de avaliação de Língua Portuguesa nos primeiros anos do Ensino Fundamental (primeiro ciclo), os PCNs de Língua Portuguesa apresentam como o primeiro desses critérios: "Narrar histórias conhecidas e relatos de acontecimentos, mantendo o encadeamento dos fatos e sua sequência cronológica, ainda que com ajuda" (Brasil, 1997, p. 76). De acordo com o documento, nesse ciclo

> *espera-se que o aluno reconte oralmente histórias que já ouviu ou leu, e narre acontecimentos dos quais participou (ou cujo relato ouviu ou leu), procurando manter a ordem cronológica dos fatos e o tipo de relação existente entre eles.*

> *Ao recontar, deve tanto procurar manter as características linguísticas do texto lido ou ouvido como esforçar-se para adequar a linguagem à situação de comunicação na qual está inserido o reconto ou a narração (é diferente recontar para os colegas de classe, numa situação de "Hora da História", por exemplo, e recontar para gravar uma fita cassete que comporá o acervo da biblioteca, ou ainda numa reunião aberta a toda a comunidade escolar). Essas atividades poderão ser realizadas com ajuda e orientação do professor e de colegas* (Brasil, 1997, p. 76).

A atividade aqui sugerida poderá ser realizada a partir de narrativas escolhidas pelos alunos. Quinzenalmente, após a oficina de leitura, cada criança escolherá um livro para tomar por empréstimo na biblioteca escolar ou na sala de leitura, com o objetivo de efetuar sua leitura em casa ou em sala de aula, com a ajuda de um adulto ou de uma criança alfabetizada, sempre que necessário, para depois contá-lo com as suas próprias palavras para os colegas de turma, no entanto sem revelar o final da história. Esse "mistério" torna interessante a vivência, pois há livros (e narradores) que realmente despertam a curiosidade a ponto de conduzir outros alunos à leitura do livro, desejosos de saber como a história termina.

A narração poderá ser feita em uma roda de histórias formada no pátio, no auditório ou mesmo sob uma árvore, selecionando-se cerca de seis a oito histórias para cada momento de roda de modo que em dois ou três encontros todos os alunos tenham contado sua história. A roda de histórias não é um momento de avaliação mas sim de partilha e de valorização da imaginação e da escuta.

Para conhecer mais

ALVES, Miriam Clavico. Biblioteca Escolar e Leitura na Escola: caminhos para a sua dinamização. In: SILVA, Ezequiel Theodoro da (Org.). *Leitura na Escola*. São Paulo: Global, 2008. p. 99-106.

BANDINI, Alice. Rumos de uma escolha: a arte de contar histórias e a biblioteca pública. In: MORAES, Fabiano; GOMES, Lenice. *A arte de encantar*: o contador de histórias contemporâneo e seus olhares. Il.: Tati Móes. São Paulo: Cortez Editora, 2012. p. 79-95.

CHARTIER, Roger. *Práticas da leitura*. São Paulo: Estação Liberdade, 1996.

MORAES, Fabiano. *Contar histórias*: a arte de brincar com as palavras. Petrópolis: Vozes, 2012.

YUNES, Eliana. Contar para ler: a arte de contar histórias e as práticas de leitura. In: MORAES, Fabiano; GOMES, Lenice. *A arte de encantar*: o contador de histórias contemporâneo e seus olhares. Il.: Tati Móes. São Paulo: Cortez Editora, 2012. p. 59-77.

Referências bibliográficas

ABRAMOVICH, Fanny. *Literatura infantil*: gostosuras e bobices. São Paulo: Scipione, 1993.

ALVES, Miriam Clavico. Biblioteca Escolar e Leitura na Escola: caminhos para a sua dinamização. In: SILVA, Ezequiel Theodoro da (Org.). *Leitura na Escola*. São Paulo: Global, 2008. p. 99-106.

ARAGÃO, José Carlos. *Girafa não serve pra nada*. Il.: Graça Lima. São Paulo: Paulinas, 2000.

ARIÈS, Phillippe. *História social da infância e da família*. Trad.: Dora Flaksman. Rio de Janeiro: LTC Editora, 1981.

AZEVEDO, Ricardo. *Dezenove poemas desengonçados*. São Paulo: Ática, 1998a.

_____. Texto e imagem: diálogos e linguagens dentro do livro. In: SERRA, Elizabeth D'Angelo (Orgs.). *30 anos de literatura para crianças e jovens*: algumas leituras. Campinas: Mercado de Letras, 1998b. p. 105-112.

_____. *A imagem invade os livros*: diferentes tipos de imagens para diferentes tipos de texto. TVE Brasil, 2002. Disponível em: < http://www.tvebrasil.com.br/salto/boletins2002/ lii/liitxt.htm>. Acesso em: 20 nov. 2005.

BANDINI, Alice. Rumos de uma escolha: a arte de contar histórias e a biblioteca pública. In: MORAES, Fabiano; GOMES, Lenice. *A arte de encantar*: o contador de histórias contemporâneo e seus olhares. Il.: Tati Móes. São Paulo: Cortez Editora, 2012. p. 79-95.

BASTOS, Gustavo Grandini; PACÍFICO, Soraya Maria Romano; ROMÃO, Lucília Maria Souza. Biblioteca escolar: espaço de silêncio e interdição. *Liinc em Revista*, Rio de Janeiro, v. 7, n. 2, p. 621-637, 2011.

BELLO, Sérgio. Por que devemos contar histórias na escola? In: GIRARDELLO, Gilka. *Baús e chaves da narração de histórias*. Florianópolis: Sesc/SC, 2004. p. 156-163.

BENJAMIN, Walter. Livros infantis antigos e esquecidos. In: BENJAMIN, Walter. *Magia e técnica, arte e política*: ensaios sobre literatura e história da cultura. São Paulo: Brasiliense, 1994. p. 235-243.

BRASIL. *Parâmetros Curriculares Nacionais*: língua portuguesa. 1ª a 4ª série. MEC, 1997.

CAMARGO, Luis. *Ilustração do livro infantil*. Belo Horizonte: Lê, 1995.

CAMPELLO, Bernadete Santos. *Letramento informacional*: função educativa do bibliotecário na escola. Belo Horizonte: Autêntica Editora, 2009.

_____. Perspectivas de letramento informacional no Brasil: práticas educativas de bibliotecários em escolas do ensino básico. *Encontros Bibli* (Online), v. 15, p. 184-208, 2010. Disponível em: <http://www.periodicos.ufsc.br/index.php/eb/article/view/1518-2924.2010v15n29p184>. Acesso em: 21 mar 2012.

CAMPOS, Maria de Fátima Hanaque; LOMBOGLIA, Ruth. HQ: uma manifestação de arte. In: LUYTEN, Sonia M. Bibe. *Histórias em quadrinhos*: leitura crítica. São Paulo: Edições Paulinas, 1984. p. 11-17.

CERTEAU, Michel de. *A invenção do cotidiano*: 1. Artes de fazer. Trad.: Ephraim Ferreira Alves. Petrópolis: Vozes, 2009.

CIÊNCIA Hoje das Crianças. n. 235. Ano 25. Rio de Janeiro: Instituto Ciência Hoje. Jun. 2012.

_____. n. 236. Ano 25. Rio de Janeiro: Instituto Ciência Hoje. Jun. 2012.

CHARTIER, Roger. *Práticas da leitura*. São Paulo: Estação Liberdade, 1996.

COELHO, Nelly Novaes. *Panorama histórico da literatura infantil/juvenil*: das origens indo-europeias ao Brasil contemporâneo. São Paulo: Ática, 1991.

_____. *Literatura infantil*: teoria, análise, didática. São Paulo: Moderna, 2000.

_____. *Literatura Infantil*: teoria, análise, didática. São Paulo: Moderna, 2003.

_____. *Dicionário crítico da literatura infantil e juvenil brasileira*. São Paulo: Companhia Editora Nacional, 2006.

COMENIUS, Johannes Amos. *The orbis pictus*. Siracuse: C. W. Bardeen Publisher, 1887.

COMITTI, Leopoldo. Leitura, Saber e Poder. In.: EVANGE-LISTA, Aracy A. M.; BRANDÃO, Heliana M. B.; MACHADO, Maria Zélia V. (Orgs.). *Escolarização da leitura literária*. Belo Horizonte: Autêntica, 2003. p. 145-151.

COSTA, Nelson Barros da. As letras e a letra: o gênero canção na mídia literária. In: DIONISIO, Ângela Paiva; MACHADO, Anna Rachel; BEZERRA Maria Auxiliadora (Orgs.). *Gêneros textuais e ensino*. Rio de Janeiro: Lucerna, 2002. p. 107-121.

COSTA, Sérgio Roberto. *Dicionário de gêneros textuais*. Belo Horizonte: Autêntica, 2008.

COSSON, Rildo. *Letramento literário*: teoria e prática. São Paulo: Contexto, 2012.

DAUSTER, Tânia. Jogos de inclusão e exclusão sociais: sobre leituras e escritores urbanos no final do século XX no Rio de Janeiro. In: YUNES, Eliana; OSWALD, Maria Luiza (Orgs.). *A experiência da leitura*. São Paulo: Loyola, 2003. p. 91-116.

EICHENBAUM, Boris. The teory of the Formal Method. In: MATEJKA, Ladislav; POMORSKA, Krystyna (Orgs.). *Readings in Russian Poetics*: formalistic and struturalistic views. Cambridge, Mass: MIT Press, 1971. p. 3-37.

ERRO, Ainara. La ilustración en la literatura infantil. *Revista Rilce*, v. 16, n. 3, Navarra: Servicio Publicaciones Universidad de Navarra, 2000. p. 501-511.

FERRAREZI, Ludmila; ROMÃO, Lucília Maria Souza. Sentidos de biblioteca escolar no discurso da ciência da informação. *Inf. & Soc.*, João Pessoa, v. 18, n. 3, p. 29-44, set./dez. 2008.

FERRAZ, Luana; CARMELINO, Ana Cristina. O estilo nos contos de Chico Anysio: uma abordagem linguística. *Percursos Linguísticos*. Vitória, v. 2, n. 4, p. 97-115, 2012. Disponível em: <http://periodicos.ufes.br/percursos/issue/view/268>. Acesso em: 26 out. 2012.

FIDALGO, Lúcia. *Cantar era seu sonho*. Il.: Robson Araújo. São Paulo: Paulus, 2009.

FONSECA, Maria Nilma Goes da; GERALDI, João Wanderley. O circuito do livro e a escola. In: GERALDI, João Wanderley. *O texto na sala de aula*. São Paulo: Ática, 2006. p. 104-114.

FOUCAULT, Michel. *Vigiar e punir*: nascimento da prisão. Trad.: Raquel Ramalhete. Petrópolis: Vozes, 1987.

_____. *A ordem do discurso*: aula inaugural no Colége de France, pronunciada em 2 de dezembro de 1970. Trad.: Laura Fraga de Almeida Sampaio. São Paulo: Edições Loyola, 2008.

FREIRE, Paulo. *A importância do ato de ler*: em três artigos que se completam. São Paulo: Autores Associados/Cortez Editora, 1989.

_____. *Educação como prática da liberdade*. Rio de Janeiro: Paz e Terra, 2008.

FURNARI, Eva. *Bruxinha Zuzu*. São Paulo: Moderna, 2010.

GARCIA, Edson Gabriel. *O bicho vai pegar*. Il.: Elma. São Paulo: Cortez Editora, 2011.

GERALDI, João Wanderley. *Linguagem e ensino*: exercício de militância e divulgação. Campinas: Mercado das Letras, 2009.

GOLDSTEIN, Norma. *Versos, sons e ritmos*. São Paulo: Ática, 2005.

GOTLIB, Nádia Battella. *Teorias do conto*. São Paulo: Ática, 1985.

LACHTERMACHER, Stela; MIGUEL, Edison. HQ no Brasil: sua história e luta pelo mercado. In: LUYTEN, Sonia M. Bibe. *Histórias em quadrinhos*: leitura crítica. São Paulo: Edições Paulinas, 1984. p. 44-52.

LEAHY-DIOS, Ciana. *Educação literária como metáfora social*: desvios e rumos. Niterói: EdUFF, 2000.

LEITE, Maurício. O homem da mala azul. *Programa do Fantástico*. Rede Globo de Televisão, Rio de Janeiro, 07 out. 2012. Produção: Ana Pessoa.

LESTRADE, Agnès de. *A grande fábrica de palavras*. Belo Horizonte: Editora Aletria, 2011.

MACHADO, Regina. Regina Machado: contadora de histórias. *Veja*, São Paulo, 04 mar. 2010. Entrevista em vídeo concedida a Augusto Nines por Regina Machado. Disponível em: <http://veja.abril.com.br/blog/augusto-nunes/videos-veja-entrevista/regina-machado-contadora-de-historias/>. Acesso em: 15 abr 2012.

MAIA, Joseane. *Literatura na formação de leitores e professores*. São Paulo: Paulinas, 2007.

MANGUEL, Alberto. *Uma história da leitura*. Trad.: Pedro Maia Soares. São Paulo: Companhia das Letras, 1997.

MAROTO, Lucia Helena. *Biblioteca escolar, eis a questão!*: do espaço de castigo ao centro do fazer educativo. Belo Horizonte: Autêntica Editora, 2009.

MARTINS, Maria Helena. *O que é leitura*. São Paulo: Brasiliense, 1994.

MENEZES, Silvana de. *A ovelha negra da Rita*. São Paulo: Cortez Editora, 2013.

MILANESI, Luís. *Biblioteca.* Cotia: Ateliê, 2002.

MOISÉS, Massaud. *A criação literária*: prosa I. São Paulo: Cultrix, 1994.

MORAES, Fabiano. *Contar histórias*: a arte de brincar com as palavras. Petrópolis: Vozes, 2012.

MORAES, Vinicius de. *A arca de Noé*: poemas infantis. São Paulo: Companhia das Letrinhas, 2000.

MOULIN, Nilson; MATUCK, Rubens. *Leonardo desde Vinci*. Il.: Rubens Matuck. São Paulo: Cortez Editora, 2008.

NEVES, André. *Mestre Vitalino*. São Paulo: Paulinas, 2000.

NEVES, Iara Conceição Bitencourt. Ler e escrever na biblioteca. In: NEVES, Iara Conceição Bitencourt *et al.* (Orgs.). *Ler e escrever*: compromisso de todas as áreas. Porto Alegre: Editora da UFRGS, 2004.

NÓBREGA, Nancy Gonçalves da. Biblioteca: vozes silenciadas? In: PRIETO, Benita. *Contadores de histórias*: um exercício para muitas vozes. Rio de Janeiro: s. ed. 2011. p. 127-133.

ORLANDI, Eni Pulcinelli. *As formas do silêncio*: no movimento dos sentidos. 4. ed. Campinas: Editora da Unicamp, 1997.

_____. Silêncios: presença e ausência. In: *ComCiência*. n. 101. Campinas, 2008. Disponível em: <http://comciencia.scielo.br/scielo.php?script=sci_arttext&pid=S1519-76542008000400007&lng=en&nrm=iso>. Acesso em: 5 fev. 2013.

PAIVA, Flávio. *Flor de maravilha*. Il.: Dim e Nice Firmeza. São Paulo: Cortez Editora, 2004.

PERROTTI, Edmir. *Confinamento cultural, infância e leitura*. São Paulo: Summus Editorial, 1990.

PIEDADE, Amir. *O grito do rio Tietê*. Il.: Luiz Gesini. 3. ed. São Paulo: Elementar, 2011.

PIRES, Fernando A. *O cão sobre rodas*. São Paulo: Cortez Editora, 2012.

PONTES, Luciano. *Ouvindo as conchas do mar*. Il.: André Neves. São Paulo: Paulinas, 2002.

RIBEIRO, Jonas. *O vestido florido nos olhos de Aparecido*. Il.: Marco Antonio Godoy. São Paulo: Cortez Editora, 2012.

_____. *O perfume do mar*. Il.: Mateus Rios. São Paulo: Elementar, 2013.

ROCHA, Ruth. *O menino que aprendeu a ver*. Il.: Elisabeth Teixeira. São Paulo: Quinteto Editorial, 1998.

SAENGER, Paul. A leitura nos séculos finais da Idade Média. In: CAVALLO, Guglielmo; CHARTIER, Roger (Orgs.). *História da leitura no mundo ocidental*. Trad.: Fulvia M. L. Moretto *et al*. São Paulo: Ática, 2002. v. 1.

SAGAN, Carl. *Cosmos*: às margens do oceano cósmico. Diretor: Adrian Malone. Produtores: KCET e Carl Sagan Productions. 1980. 60 min.

SANTOS, Cristina. *Abecedário da natureza brasileira*. Il.: Freekje Veld. São Paulo: Cortez Editora, 2013.

SANTOS, Roberto Elísio dos; VERGUEIRO, Waldomiro. Histórias em quadrinhos no processo de aprendizado: da teoria à prática. *EccoS*. São Paulo, n. 27, p. 81-95, jan./abr. 2012.

SANTOS, Walther Moreira. *O inventor do sorriso*: poemas colhidos na floresta. São Paulo: Melhoramentos, 2012.

SAUSSURE, Ferdinand de. *Curso de linguística geral*. Trad.: Antônio Chelini, José Paulo Paes e Izidoro Blikstein. São Paulo: Editora Cultrix, 2004.

SCHAFER, Murray R. *O ouvido pensante*. Trad.: Marisa T. de O. Fonterrada, Magda R. G. da Silva, Maria L. Pascoal. São Paulo: Unesp, 2003.

SILVA, Ezequiel Theodoro da. *Leitura na Escola e na Biblioteca*. Campinas: Papirus, 1995.

SILVA, Jonathas Luiz Carvalho. Perspectivas históricas da biblioteca escolar no Brasil e análise da Lei 12.244/10. *Revista ABC*: Biblioteconomia em Santa Catarina, Florianópolis. v. 16, n. 2, p. 489-517, jul./dez. 2011.

SOARES, Angélica. *Gêneros literários*. São Paulo: Ática, 2002.

SOARES, Magda. Letramento e alfabetização: as muitas facetas. *Revista Brasileira de Educação*. São Paulo, n. 25, p. 5-17, jan./abr. 2004.

_____. *Letramento*: um tema em três gêneros. Belo Horizonte: Autêntica, 2005.

SOUSA, Mauricio de. *Histórias em quadrões com a Turma da Mônica*. v. 1. São Paulo: Editora Globo, 2010.

SOUZA, Roberto Acízelo. *Teoria da literatura*. São Paulo: Ática, 2003.

TERZI, Sylvia Bueno. A oralidade e a construção da leitura por crianças de meios iletrados. In: KLEIMAN, Angela B. (Org.). *Os significados do letramento*: uma nova perspectiva sobre a prática social da escrita. Campinas: Mercado das Letras, 1995. p. 91-117.

VERGUEIRO, Waldomiro. Histórias em quadrinhos e serviços de informação: um relacionamento em fase de definição. *DataGramaZero*, v. 6, n. 2, art. 04, ago. 2005.

VIGNA-MARÚ, Carolina. *Isabel*. São Paulo: Cortez Editora, 2011.

YUNES, Eliana; PONDÉ, Glória. *Leitura e leituras da literatura infantil*. São Paulo: FTD, 1988.

YUNES, Eliana. Contar para ler: a arte de contar histórias e as práticas de leitura. In: MORAES, Fabiano; GOMES, Lenice. *A arte de encantar*: o contador de histórias contemporâneo e seus olhares. Il.: Tati Móes. São Paulo: Cortez Editora, 2012. p. 59-77.

ZILBERMAN, Regina. *A leitura e o ensino da literatura*. São Paulo: Contexto, 1988.

_____. *A literatura infantil na escola*. São Paulo: Global Editora, 2003.

_____. *Como e por que ler a literatura infantil brasileira*. Rio de Janeiro: Objetiva, 2005.

Fabiano Moraes

É doutorando em Educação, mestre em Linguística e graduado em Letras-Português pela Universidade Federal do Espírito Santo (Ufes). Atua como professor voluntário pelo DLCE/CE/Ufes e é professor de Pós-graduação em Arte-Terapia do Instituto Fênix. Diretor de Comunicação do Instituto Conta Brasil, Pesquisador Associado da Cátedra Unesco de Leitura – PUC-Rio e da Associação de Leitura do Brasil. Idealizador do site Roda de Histórias (premiado pelo Ministério da Cultura – MinC), escritor e narrador.

Eduardo Valadares

Possui graduação em Biblioteconomia pela Universidade Federal do Espírito Santo, é mestrando do Programa de Pós-Graduação em Educação da Universidade Federal do Espírito Santo na linha de pesquisa Currículo, Cotidiano e Formação de Educadores, bibliotecário escolar da Prefeitura Municipal de Vitória-ES, delegado do Conselho Regional de Biblioteconomia MG/ES. Atua também como contador de histórias por meio de apresentações educativas, culturais, formação de educadores, palestras e assessoria pedagógica sobre a área.

Marcela Mendonça Amorim

É graduada em Serviço Social e Biblioteconomia pela Universidade Federal do Espírito Santo, trabalha como bibliotecária em biblioteca escolar há dez anos, sendo sete deles como funcionária efetiva da Prefeitura Municipal de Vitória-ES. Seu trabalho é voltado para o incentivo à leitura em suas mais diversas vertentes, utilizando várias atividades ligadas à música e às artes. Vencedora do IV Prêmio Carol Kuhlthau/2013 promovido pelo Grupo de Estudos em Biblioteca Escolar/UFMG e pela Autêntica Editora.